Muttersprache plus

9 Arbeitsheft

für Lernende mit erhöhtem Förderbedarf im inklusiven Unterricht

Erarbeitet von
Martina König, Nikola Lobstein,
Romy Sieber, Marie-Elisabeth Wöhlbier

Cornelsen

9 Arbeitsheft
für Lernende mit erhöhtem Förderbedarf
im inklusiven Unterricht

Zu diesem Buch gibt es ein passendes **Schülerbuch** (ISBN 978-3-06-063283-1).

Redaktion: der springende punkt, Berlin
Illustrationen: Marie Geißler S. 27, 31, 33, 35, 37, 40;
Lars Baus S. 44, 48, 54, 58, 70, 77, 78, 86, 87, 92, 93
Umschlaggestaltung: werkstatt für gebrauchsgrafik, Garding
Umschlagillustration: Dorina Tessmann, Berlin
Layoutkonzept: lernsatz.de
Technische Umsetzung: PER MEDIEN & MARKETING GmbH

Textquellen: 8 Schönheitsideal. Online im Internet: https://www.spektrum.de/lexikon/psychologie/schoenheitsideal/13606 [10.11.2023] (gekürzt und verändert). **11** Welche Noten bekommen die deutschen Schulen? Zahlen aus: Wößmann, Ludger u. a.: Denken Jugendliche anders über Bildungspolitik als Erwachsene? Ifo-Schnelldienst 17/2018. Online im Internet: https://www.ifo.de/DocDL/sd-2018-17-woessmann-etal-bildungspolitik-2018-09-13.pdf [10.11.2023]. **12** Tricarico, Tanja: Warum Eltern ihre Kinder nicht in die Schule schicken. Online im Internet: https://www.welt.de/wirtschaft/karriere/bildung/article147971707/Warum-El-tern-ihre-Kinder-nicht-in-die-Schule-schicken.html [10.11.2023] (gekürzt und verändert). **20** Folgen des Klimawandels. Online im Internet: https://www.umweltbun-desamt.de/themen/klima-energie/klimafolgen-anpassung/folgen-des-klimawandels-0#wie-wirkt-sich-der-klimawandel-bereits-auf-deutschland-aus [10.11.2023] (gekürzt und verändert). **27** Tolstoi, Lew: Der Sprung. Aus: Dieckmann, Eberhard (Hrsg.): Lew Tolstoi. Gesammelte Werke in zwanzig Bänden. Bd. 8: Das neue Alphabet. Russische Lesebücher. Aus dem Russ. übers. von Hermann Asemissen. Berlin: Rütten & Loening, 1968, S. 295–297 (gekürzt und verändert). **35** Lessing, Gotthold Ephraim: Nathan der Weise. Ein dramatisches Gedicht in fünf Aufzügen. Stuttgart: Philipp Reclam jun., 2021, S. 77–81 (gekürzt und verändert). **37** Bürger, Gottfried August: Der Bauer. Aus: Grimm, Gunter E. (Hrsg.): Gottfried August Bürger: Gedichte. Stuttgart: Philipp Reclam jun., 1997, S. 25. **40** Ich bin schwarz, … Aus: Favilli, Elena und Cavallo, Francesca: Good Night Stories for Rebel Girls. 100 außergewöhnliche Frauen. Aus dem Englischen von Birgitt Kollmann. München: Carl Hanser Verlag, 2017, S. 144. **66** Mut ist … Aus: Nürnberger, Christian: Mutige Menschen – für Frieden, Freiheit und Menschenrechte. Stuttgart: Gabriel in der Thienemann-Esslinger Verlag GmbH, 2023, S. 7, 9, 12.

Bildquellen 4 Depositphotos/Alexander Mitiuc; **6** stock.adobe.com/pololia; **9** stock.adobe.com/deagreez; **11** Cornelsen/Straive; **12** mauritius images/Maskot; **13** Shutterstock.com/Nikolai V Titov; **15** stock.adobe.com/Wood apple; **16** Statista GmbH; **18** stock.adobe.com/illuminator; **21** Statista GmbH; **22** Moritz Angstwurm, JBN; **23** Shutterstock.com/Juice Verve; **26** © Christian Habicht; **29** Imago Stock & People GmbH/SNA; **34** o. li. Shutterstock.com/etonastenka, o. re. Shutterstock.com/FooTToo, u. Cornelsen/Babylon, Corinna; **40** Imago Stock & People GmbH/Dwight Carter/Hallmark Entertainment/Courtesy: Everett Collection Hallmark; **42** mauritius images/alamy stock photo/Jim Corwin; **47** stock.adobe.com/Ekaterina; **55** stock.adobe.com/shannonbray; **64** Bridgeman Images; **65** mauritius images/Cinema Legacy Collection; **66** Christian Nürnberger, Wiebke Kubitza, Eva Jung © 2023 Thienemann-Esslinger Verlag; **69** bpk/Deutsches Historisches Museum; **72** Bridgeman Images; **89** stock.adobe.com/wajan; **94** Depositphotos/Aliaksandr Marko

www.cornelsen.de

Allgemeiner Hinweis zu den in diesem Lehrwerk abgebildeten Personen: Soweit in diesem Lehrwerk Personen fotografisch abgebildet sind und ihnen von der Redaktion fiktive Namen, Berufe, Dialoge und Ähnliches zugeordnet oder diese Personen in bestimmte Kontexte gesetzt werden, dienen diese Zuordnungen und Darstellungen ausschließlich der Veranschaulichung und dem besseren Verständnis des Inhalts.

Die Webseiten Dritter, deren Internetadressen in diesem Lehrwerk angegeben sind, wurden vor Drucklegung sorgfältig geprüft. Der Verlag übernimmt keine Gewähr für die Aktualität und den Inhalt dieser Seiten oder solcher, die mit ihnen verlinkt sind.

Dieses Werk berücksichtigt die Regeln der reformierten Rechtschreibung und Zeichensetzung.
Bei den mit R gekennzeichneten Texten haben die Rechteinhaber einer Anpassung widersprochen.
Die mit * gekennzeichneten Texte wurden aus didaktischen Gründen gekürzt und/oder verändert.

1. Auflage, 1. Druck 2024

Alle Drucke dieser Auflage sind inhaltlich unverändert und können im Unterricht nebeneinander verwendet werden.

© 2024 Cornelsen Verlag GmbH, Berlin

Druck: Athesiadruck GmbH

ISBN 978-3-06-063328-9

PEFC-zertifiziert
Dieses Produkt
stammt aus
nachhaltig
bewirtschafteten
Wäldern und
kontrollierten Quellen
PEFC/18-31-166   www.pefc.de

Was weißt du noch aus Klasse 8?

 1 Lies den folgenden Text.

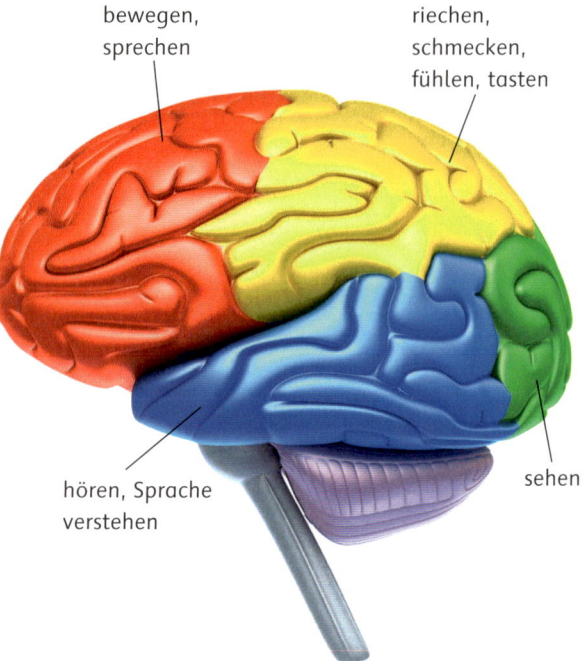

bewegen, sprechen

riechen, schmecken, fühlen, tasten

hören, Sprache verstehen

sehen

Unser Gedächtnis

1 Das Gehirn ermöglicht es dem Menschen,
2 **jederzeit** Informationen aufzunehmen, zu
3 verarbeiten und abzuspeichern.
4 Voraussetzung dafür ist unser
5 Nervensystem.
6 Die Informationen werden zum Beispiel je
7 nach Wichtigkeit **in verschiedenen**
8 **Bereichen des Gedächtnisses**
9 gespeichert.
10 **Im Ultrakurzzeit-Gedächtnis** werden die
11 Informationen **nur für zwei Sekunden**
12 gespeichert. Das Gehirn filtert dabei die
13 wichtigsten Dinge heraus. Unwichtige
14 Informationen werden gelöscht.
15 Genaueres Betrachten führt dazu, dass eine Information **für etwa 20 Minuten**
16 **im Kurzzeit-Gedächtnis** gespeichert wird. Danach wird die Info gelöscht, da das
17 Kurzzeit-Gedächtnis nicht sehr viel speichern kann.
18 Wird eine Information **häufig** abgerufen, bauen die Nervenzellen im Gehirn
19 Verbindungen auf und stärken sie. Durch Üben und Wiederholen werden
20 Informationen **im Langzeit-Gedächtnis** abgespeichert und stehen uns **ein ganzes**
21 **Leben lang** zur Verfügung. Du musst dir eine Wiese vorstellen. Je öfter du denselben
22 Weg gehst, um die Wiese zu überqueren, desto breiter und fester wird der Weg.
23 Das Langzeit-Gedächtnis hat unbegrenzte Speichermöglichkeiten, sodass es beliebig
24 viele Informationen aufnehmen kann.
25 Wird das Gehirn aber durch einen Unfall oder eine Krankheit verletzt, können
26 gespeicherte Informationen **für immer** verloren gehen.

 2 Sind die Aussagen richtig oder falsch? Kreuze an.

	richtig	falsch
Blutzellen speichern alle Informationen.		
Das Gehirn kann Informationen filtern.		
Üben und Wiederholen hilft beim Abspeichern von Wissen.		
Gespeicherte Informationen gehen niemals verloren.		

3 Wie heißen die drei Bereiche des Gedächtnisses? Schreibe sie auf die Linien.

_____

_____

4 Welche Funktion hat der Text? Kreuze an. Begründe deine Entscheidung.

☐ Aufforderung   ☐ Information   ☐ Meinung

_____

_____

5 Markiere in den folgenden Sätzen das Subjekt grün und das Prädikat rot.

1 Das Gehirn verarbeitet Informationen.

2 Jeder Mensch hat ein Gedächtnis.

3 Unwichtige Informationen werden gelöscht.

4 Durch Üben präge ich mir Wissen besser ein.

> **Tipp**
> Nach dem Subjekt fragt man:
> **Wer?** oder **Was?**
> Nach dem Prädikat fragt man:
> **Was wird ausgesagt?**

6 **Dativobjekt** oder **Akkusativobjekt**? Frage mit **Wem …?** oder mit **Wen/Was …?** nach den unterstrichenen Wortgruppen. Schreibe unter die Sätze, ob es sich um ein Dativobjekt oder ein Akkusativobjekt handelt.

1 Er konnte sich <u>den Merksatz</u> nicht einprägen.

_____

2 Das Gehirn ermöglicht <u>dem Menschen</u> die Aufnahme von Informationen.

_____

3 Das Gedächtnis hat <u>verschiedene Bereiche</u>.

_____

7 Markiere im Text die **fett gedruckten** Adverbialbestimmungen mit unterschiedlichen Farben.

1 Farbe: Adverbialbestimmung des Ortes
   Fragen nach dem **Ort: Wo? Woher? Wohin?**

2 Farbe: Adverbialbestimmung der Zeit
   Fragen nach der **Zeit: Wann? Wie lange?**

Sich mündlich mit Problemen auseinandersetzen – Diskutieren

1 Wiederhole dein Wissen über Diskussionen.
Setze die Wörter aus dem Wortkasten passend ein.

> Beispiele / zusammengefasst / Probleme / Ansichten / Behauptung / unterschiedliche / Erlebnisse

Auf der Suche nach Lösungen für _____ tauschen sich Menschen

in einer Diskussion miteinander aus. Dabei spielen _____

Meinungen und Standpunkte eine Rolle. Verschiedene _____

werden als Behauptungen vorgetragen. Eine _____ wird durch

Argumente (Begründungen und _____) unterstützt. Ein

Argument kann sich auf bekannte Tatsachen, gemeinsame _____

oder persönliche Erfahrungen beziehen. Am Ende einer Diskussion werden die

Gedanken _____ und Schlussfolgerungen abgeleitet.

2 Um Diskussionsbeiträge vorzubereiten, muss man Informationen einholen.
Dazu werden Daten, Beispiele und Fakten zusammengetragen.

a Lies den Text. Suche dabei nach Antworten zur Frage in der Überschrift.

Jugendarbeit: Was ist erlaubt?

1 Kindern ist es in der Regel verboten zu
2 arbeiten. Sie dürfen aber im Haushalt helfen.
3 Wenn die Eltern einverstanden sind, dürfen
4 Kinder ab 13 Jahren einfache Arbeiten
5 ausüben. Zum Beispiel: Einkaufen,
6 Rasenmähen, Nachhilfe, Babysitten. Das darf
7 nicht mehr als zwei Stunden am Tag dauern.
8 Ab 15 Jahren dürfen Schülerinnen und Schüler
9 in den Ferien höchstens acht Stunden an fünf
10 Tagen in der Woche arbeiten. Insgesamt dürfen die Jugendlichen aber nicht mehr als
11 vier Wochen arbeiten. Am Wochenende dürfen sie nur ausnahmsweise arbeiten, zum
12 Beispiel in der Landwirtschaft. Immer gilt: Die Schule ist wichtiger.
13 Für ungelernte Schülerinnen und Schüler unter 18 Jahren gibt es keinen Mindestlohn.

b Welche Arbeit ist Kindern erlaubt? Wie viel dürfen Jugendliche arbeiten?
Schreibe die Antworten in Stichpunkten auf.

Kinder ab 13 Jahren:

Jugendliche ab 15 Jahren:

3 Lisa und Malik diskutieren darüber, ob Jugendliche einen Nebenjob haben sollten.
In einer Mindmap haben sie Stichpunkte zum Thema Nebenjob gesammelt.

a Lies die Stichpunkte.

müde im Unterricht

Geld für Kleidung, Handy ...

*Gelegenheit, beruflichen
Alltag kennenzulernen*

Nebenjob

*Schulnoten verschlechtern
sich meistens nicht*

wenig Zeit für Hausaufgaben

keine Zeit für Erholung

b Was sind Argumente für einen Nebenjob? Was sind Argumente gegen einen
Nebenjob? Ordne die Stichpunkte aus Aufgabe 3 a in die Tabelle ein.

Argumente für einen Nebenjob	Argumente gegen einen Nebenjob

4 Diskutiert die Frage, ob Jugendliche Nebenjobs haben sollten. Ihr könnt Argumente
aus der Tabelle anführen oder eigene Argumente suchen.

Sich schriftlich mit Problemen auseinandersetzen – Erörtern

Lineare Erörterungen schreiben

1 Lies den Merkkasten über lineare Erörterungen und ihren Aufbau.

> Eine **lineare (steigende) Erörterung** beschäftigt sich mit einem **Problem** oder einer **Frage**. Man formuliert dazu eine **Meinung** oder einen **Standpunkt**. Diese Meinung begründet man durch **Argumente** (Begründungen + Beispiele).

2 Beschäftige dich mit der Frage: Was ist Schönheit?

a Schreibe in Stichpunkten auf, was für dich einen Menschen schön macht.

b Lies die folgende Erklärung.

Schönheitsideal

1 Ein Schönheitsideal ist eine Vorstellung davon, was schön ist. Diese Vorstellung
2 verändert sich im Lauf der Zeit: Früher galten dicke Menschen als schön. Heute
3 gelten schlanke Menschen als schön. Wenn Menschen so perfekt aussehen wollen
4 wie die Models auf Werbefotos, kann das krank machen. Man kann zum Beispiel
5 eine Ess-Störung bekommen.*

c Was erfährst du in der Erklärung von Aufgabe 2 b? Kreuze die richtigen Aussagen an.

☐ Ein Schönheitsideal bleibt immer gleich.

☐ Dick zu sein, galt früher als schön.

☐ Es ist in Ordnung, wenn man immer perfekt aussehen will.

☐ Wenn Menschen perfekt aussehen wollen, können sie eine Ess-Störung bekommen.

d Korrigiere die falschen Aussagen aus Aufgabe 2 c. Schreibe auf die Zeilen.

3 Es gibt verschiedene Möglichkeiten, eine Erörterung einzuleiten: Man kann mit einem aktuellen Ereignis beginnen, ein persönliches Erlebnis schildern oder einen Begriff erklären.

 a Verbinde die Einleitungen 1 bis 3 mit den passenden Beispielen A bis C.

Einleitung		Beispiel
1 aktuelles Ereignis		**A** Ein Schönheitsideal sagt aus, was als schön gilt. Heute haben besonders soziale Medien einen Einfluss auf diese Vorstellung.
2 persönliches Erlebnis		**B** Aktuell lässt sich in den sozialen Medien beobachten, dass für mehr Natürlichkeit geworben wird.
3 Erklärung eines Begriffs		**C** Wer kennt das nicht? Bevor man ein Selfie postet, wird das Bild noch bearbeitet, damit man perfekt aussieht.

b Welche Frage passt zum Thema Schönheitsideal? Kreuze die Frage an, die sich am besten eignet.

☐ Soziale Netzwerke: echte Hilfe oder große Gefahr?

☐ Fake News – sind wir zu leichtgläubig?

☐ Prägen soziale Medien unser Bild von Schönheit?

☐ Beeinflusst künstliche Intelligenz unseren Alltag?

c Welchen Standpunkt vertrittst du zu der in Aufgabe 3 b angekreuzten Frage? Kreuze an.

☐ Ja, ich bin dieser Meinung.

☐ Nein, ich bin nicht dieser Meinung.

Tipp
Zu den sozialen Netzwerken oder Medien gehören zum Beispiel Instagram und YouTube.

4 Timos Standpunkt ist, dass soziale Medien unser Bild von Schönheit prägen.
Er hat Begründungen und Beispiele für eine Erörterung gesammelt.

a Verbinde die Begründungen 1 bis 3 mit den passenden Beispielen A bis C.

Einleitung	Begründung		Beispiel
Soziale Medien prägen unser Bild von Schönheit, …	**1** … weil wir auf den Plattformen meistens geschönte Fotos sehen.		**A** Manche Menschen schauen beispielsweise so oft aufs Handy, dass sie die Wirklichkeit nicht mehr wahrnehmen.
	2 … da das bearbeitete Bild wichtiger geworden ist als die Echtheit.		**B** Jugendliche bekommen zum Beispiel viele Likes, wenn ihre Selfies perfekt sind.
	3 … denn es geht nur noch darum, perfekt auszusehen.		**C** Die Bilder sind zum Beispiel häufig perfekt inszeniert und nachträglich bearbeitet.

b Durch die Formulierungen aus dem Wortkasten lassen sich Argumente sinnvoll miteinander verbinden.
Setze die Formulierungen passend in den Hauptteil von Timos Erörterung ein.

> Ein wichtiger Punkt ist / So wird zum Beispiel / Meiner Meinung nach

_____ beeinflussen soziale Medien die

Vorstellung von Schönheit. Influencer posten perfekte Fotos von sich in den sozialen

Medien. _____, dass gerade Jugendliche viel

Zeit im Internet verbringen und Influencern folgen.

_____ der Wunsch, perfekt auszusehen,

durch die perfekten Fotos der Influencer verstärkt.

5 Was ist ein geeigneter Schluss für Timos Erörterung? Kreuze an.

☐ Zusammengefasst kann man sagen, dass sich nichts ändern muss.

☐ Für die Zukunft wünsche ich mir, dass wir uns annehmen, wie wir sind.

Kontrovers erörtern

> Kontrovers bedeutet, dass es unterschiedliche Meinungen gibt. Bei einer **kontroversen Erörterung** werden Argumente für (pro) und gegen (kontra) einen Standpunkt **gegenübergestellt**. Man führt zuerst **alle Pro-Argumente** an und danach **alle Kontra-Argumente** oder umgekehrt. Es ist auch möglich, zwischen Pro-Argumenten und Kontra-Argumenten **abzuwechseln**. Ans **Ende** stellt man die Argumente für die eigene Position. So bleiben die Argumente den Lesenden besser im Gedächtnis.

1 Das folgende Diagramm zeigt das Ergebnis einer Umfrage zu Schulen in Deutschland.

 a Sieh dir das Diagramm an.

Welche Note bekommen die deutschen Schulen?

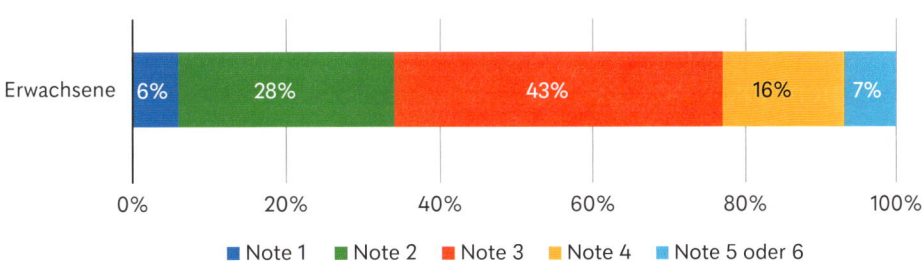

(Daten des ifo Instituts – Leibniz-Institut für Wirtschaftsforschung an der Universität München e.V.)

b Was sagt das Diagramm aus? Kreuze die richtige Lösung an.

☐ Es stellt die Meinung von Jugendlichen zu deutschen Schulen dar.

☐ Es zeigt die Meinung von Jugendlichen und Erwachsenen zu Schulen in Deutschland.

☐ Es informiert über die Meinung von Erwachsenen zu deutschen Schulen.

2 Erfasse den Inhalt des Diagramms genauer.
Sind die folgenden Aussagen richtig oder falsch? Kreuze an.

	richtig	falsch
Mehr als die Hälfte der Erwachsenen geben den deutschen Schulen die Note 4 und schlechter.		
44 Prozent der Erwachsenen geben den deutschen Schulen die Note 2 und besser.		
Die Mehrheit der Erwachsenen gibt dem deutschen Schulsystem die Note 3 und besser.		
Weniger Erwachsene geben den deutschen Schulen die Note 1 als die Noten 5 oder 6.		

3 Im folgenden Text wird das Thema Hausunterricht kontrovers erörtert. Du findest Argumente für und gegen den Unterricht zu Hause.

 a Lies den Text.

Tanja Tricarico

Warum Eltern ihre Kinder nicht in die Schule schicken

1 Jonas geht nicht zur Schule. Seine Eltern,
2 Freunde und Bekannte unterrichten ihn.
3 Das nennt man Hausunterricht. Die Mutter
4 von Jonas hat die Lehrpläne der Schulen
5 studiert. Der Unterricht zu Hause richtet
6 sich nach den Bedürfnissen des Jungen.
7 Es gibt unterschiedliche Gründe, warum
8 Eltern ihre Kinder nicht in die Schule
9 schicken. Manche Kinder kommen mit dem
10 Druck im Unterricht nicht klar. Andere
11 finden keine Zeit mehr für Dinge, die sie
12 wirklich interessieren. Der Stress und die
13 Hektik in der Schule hemmen die Kinder in
14 ihrer Entwicklung.
15 Die Schul-Expertin Ilka Hoffmann hält
16 Hausunterricht aber für problematisch.
17 Sie kritisiert vor allem, dass den Kindern
18 die Mitschülerinnen und Mitschüler fehlen.
19 In der Schule wird gestritten. Man ärgert
20 sich oft, aber man lacht auch zusammen.
21 In der Schule lernen die Kinder, andere
22 Meinungen zuzulassen. Die Schule ist auch
23 ein Ort, an dem Kinder aus verschiedenen Kulturen zusammenkommen.
24 Ilka Hoffmann erklärt, dass es in Deutschland viele unterschiedliche Arten von
25 Schulen gibt. Eltern können ihre Kinder zum Beispiel in eine Waldorf-Schule oder in
26 eine Freie Schule schicken, statt sie zu Hause zu unterrichten.*

 b Suche im Text nach 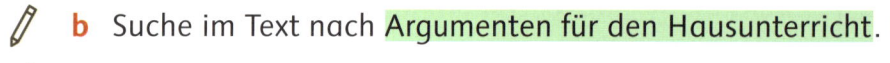Argumenten für den Hausunterricht. Markiere sie grün.

 c Der Text enthält auch viele 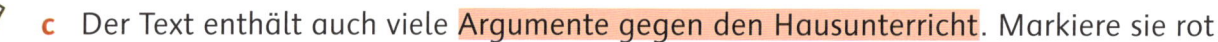Argumente gegen den Hausunterricht. Markiere sie rot.

 d Bist du für oder gegen Hausunterricht? Kreuze an.

☐ Ich bin für Hausunterricht.

☐ Ich bin gegen Hausunterricht.

 e Schreibe ein Argument für deine Position auf.

Medien untersuchen

1 In unserem Alltag nutzen wir viele Medien. Denke über dein eigenes Medienverhalten nach.

a Welche Medien nutzt du? Kreuze an.

☐ Smartphone ☐ Bücher ☐ E-Books ☐ Zeitungen

☐ Fernsehen ☐ Zeitschriften ☐ Radio ☐ Spielekonsole

☐ Internet ☐ Computer ☐ CDs ☐ Schallplatten

b Welche drei Medien nutzt du am häufigsten? Schreibe sie auf die Linien.

1.

2.

3.

2 Lies den Merkkasten über Medien.

> Bücher, Zeitungen und Zeitschriften nennt man **Printmedien. Digitale Medien** sind zum Beispiel Smartphones, Computer, E-Books, das Internet und Spielekonsolen. Radio, CDs und Schallplatten heißen **Audiomedien.** Das Fernsehen gehört zu den **audiovisuellen Medien.**
> Medien haben unterschiedliche **Funktionen.** Man kann mit Medien lernen, sich informieren, sich mit anderen unterhalten oder sich entspannen.

3 Sind die folgenden Aussagen richtig oder falsch? Kreuze an.

	richtig	falsch
Smartphones, Computer, E-Books sind Printmedien.		
CDs gehören zu den Audiomedien.		
Man kann Medien für unterschiedliche Zwecke nutzen.		
Man kann nur mit Printmedien lernen.		

4 Welche Medien nutzt du wofür? Trage in der rechten Spalte die Medien ein.

Lernen	
Unterhaltung mit anderen	
Entspannung	

Informationen suchen

Umfragen vorbereiten und durchführen

Mit **Umfragen** kann man herausfinden, was Menschen über bestimmte Dinge denken und wissen oder wie sie sich verhalten.
Umfragen können mithilfe eines **Fragebogens** durchgeführt werden. Bei der Entwicklung eines Fragebogens muss man sich genau überlegen, **wer** die Fragen beantworten soll und **was** man erfahren möchte. Die **Fragen** müssen **passend dazu** formuliert werden.

1 Wie gehst du vor, wenn du eine Umfrage vorbereitest und durchführst? Übertrage die Tabelle in dein Heft. Ordne den im Tabellenkopf genannten Arbeitsschritten passende Aktionen aus dem Wortkasten zu.

> Überblick über die Ergebnisse verschaffen / Ziel festlegen / Ergebnisse vorstellen / Fragen überlegen

1. Planung	2. Durchführung	3. Auswertung	4. Präsentation

2 Bereite eine Umfrage zur Nutzung von Medien in der Freizeit vor.

a Welche Informationen über die Befragten können für deine Umfrage wichtig sein? Kreuze an.

☐ Alter ☐ Lieblingsfach ☐ Geschlecht (männlich, weiblich, divers)
☐ Sternzeichen

b Kreuze an, welches Ziel deine Umfrage haben soll.

☐ herausfinden, welche Medien in der Freizeit am häufigsten genutzt werden
☐ herausfinden, wozu Medien in der Freizeit genutzt werden
☐ herausfinden, bei welchen Freizeitbeschäftigungen Medien genutzt werden

c Kreuze eine Frage an, die zum Ziel deiner Umfrage passt.

☐ Bei welchen Freizeitbeschäftigungen nutzt du Medien?
☐ Welche drei Medien nutzt du am häufigsten in deiner Freizeit?
☐ Wozu nutzt du in deiner Freizeit Medien?

d Begründe, warum du die Frage ausgewählt hast. Ergänze den Satz.

Ich möchte herausfinden,

Interviews vorbereiten und führen

Bei einem **Interview** geht es entweder um die befragte Person selbst oder um ihre Meinung zu einem Thema. Die Fragen und Antworten werden wörtlich wiedergegeben. Die Fragen für das Interview müssen gut vorbereitet werden. Am besten eignen sich **offene Fragen** (Ergänzungsfragen), weil man sie ausführlich beantworten muss. **Geschlossene Fragen** (Entscheidungsfragen), die nur mit Ja oder Nein beantwortet werden müssen, sind für Interviews weniger geeignet.

1 Ergänzungsfrage oder Entscheidungsfrage?

a Lies die Fragen.

b Markiere die Ergänzungsfragen mit einer Farbe und die Entscheidungsfragen mit einer anderen Farbe.

1 Hast du schon einmal einen Preis gewonnen?

2 Was war dein schönstes Erlebnis in den Ferien?

3 Welche Pläne hast du für die Zukunft?

4 Wärst du gern älter?

2 Du sollst ein Interview zum Thema **Welche Medien nutzen Jugendliche und wofür?** durchführen. Wähle Fragen für das Interview aus.

a Lies die Fragen.

1 Welche digitalen Geräte nutzt ihr in der Schule?

2 Wofür nutzt ihr die digitalen Geräte in der Schule?

3 Wie findest du das Wetter heute?

4 Hast du selbst ein digitales Gerät?

5 Welche digitalen Geräte nutzt du in der Freizeit?

6 Wann hast du Geburtstag?

7 Wofür nutzt du digitale Geräte in der Freizeit?

8 Was bereitet dir Schwierigkeiten im Umgang mit digitalen Geräten?

9 Welches digitale Gerät wünschst du dir zu Weihnachten?

10 Welches digitale Gerät nutzt du am häufigsten?

11 Was muss ein gutes digitales Gerät deiner Meinung nach können?

b Welche Fragen passen nicht zum Thema des Interviews? Streiche die Fragen durch.

c Welche Fragen sind Entscheidungsfragen? Markiere die Fragen rot.

d Fällt dir noch eine Ergänzungsfrage ein? Schreibe sie in dein Heft.

Sachtexte hören und lesen

Diskontinuierliche Texte erschließen

1 Erschließe die Grafik.

a Um was für eine Art von Grafik handelt es sich? Kreuze an.

☐ ein Schaubild   ☐ ein Diagramm   ☐ eine Tabelle   ☐ eine Karte

Monatliche Durchschnittstemperatur in Deutschland von Juni 2022 bis Juni 2023

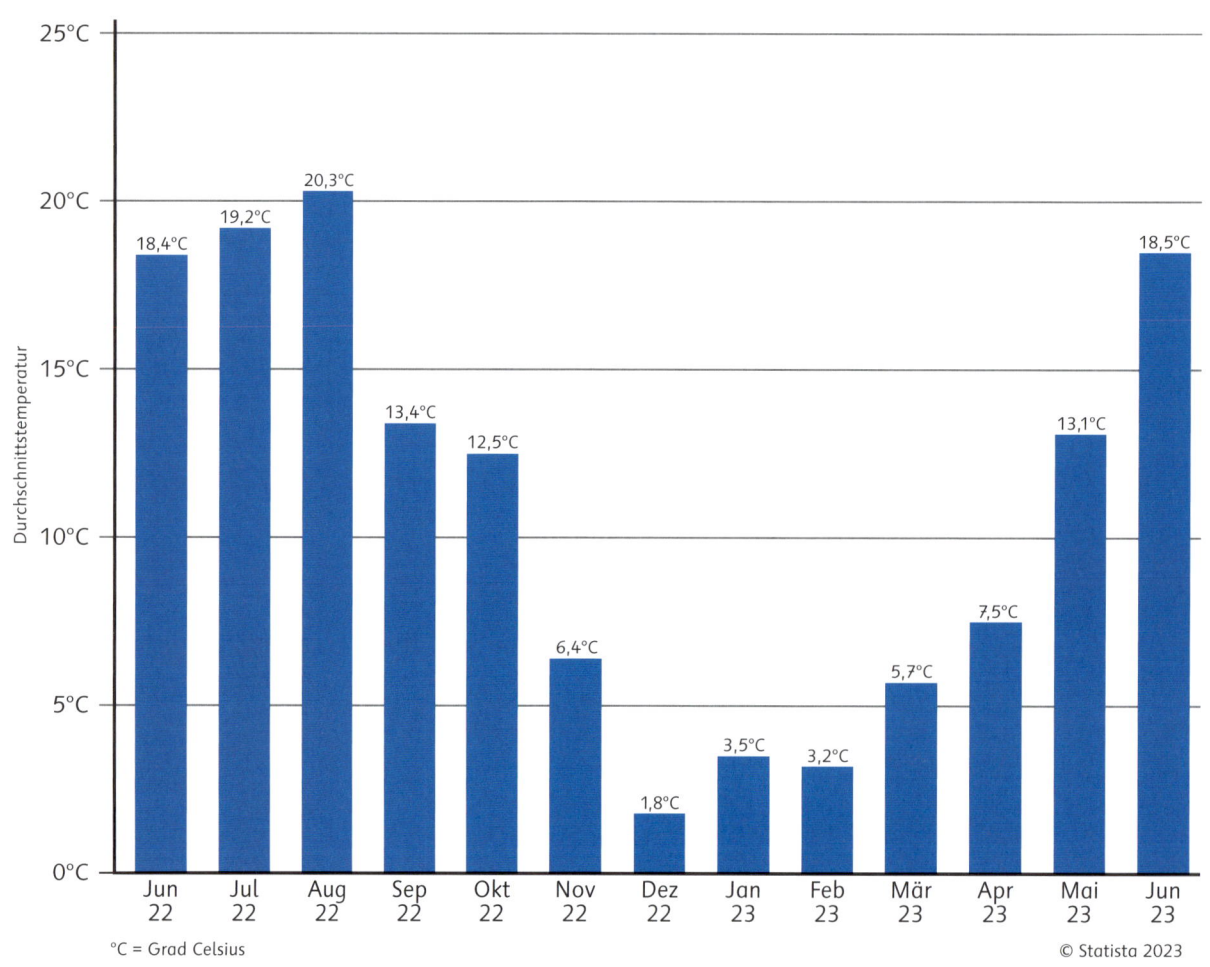

°C = Grad Celsius   © Statista 2023

b Um welches Thema geht es in der Grafik? Kreuze an.

☐ Umweltzerstörung   ☐ Nachhaltigkeit   ☐ Lufttemperatur   ☐ Wetter

c Um welche Art von Diagramm handelt es sich bei der Grafik?
Markiere den richtigen Begriff.

1 Kreisdiagramm: Die Informationen sind in Form eines Kreises dargestellt.

2 Punktdiagramm: Die Informationen sind als Punkte dargestellt.

3 Balkendiagramm: Die Informationen sind als waagerechte Balken dargestellt.

4 Säulendiagramm: Die Informationen sind als senkrechte Balken dargestellt.

d Beantworte die Fragen zu dem Diagramm in Stichwörtern. Schreibe auf die Linien.

1 In welchem Land wurden die Messungen durchgeführt?

_____

2 In welchem Zeitraum wurden die Messungen durchgeführt?

_____

3 In welchem Monat war es am wärmsten?

_____

4 Was war die niedrigste gemessene Durchschnittstemperatur?

_____

e Erfasse den Inhalt des Diagramms genauer.
Sind die folgenden Aussagen richtig oder falsch? Kreuze an.

	richtig	falsch
Die Temperaturen sind in der Einheit Kelvin angegeben.		
Im August 2022 war die Durchschnittstemperatur am höchsten.		
Im März 2023 war die Durchschnittstemperatur am niedrigsten.		
Die Durchschnittstemperatur im März 2023 lag bei 5,7 °C.		
Im Juni war es in beiden Jahren fast gleich warm.		
Im Januar 2023 war es kälter als im Februar 2023.		

f Der Lückentext wertet das Diagramm aus.
Setze die Wörter aus dem Wortkasten richtig in die Lücken ein.

August 2022 / 18,5 °C / Juni 2022 / Dezember 2022 / stiegen / sanken

1 Die Temperaturen _____ am Jahresende und _____ in

der Jahresmitte.

2 Die niedrigste Durchschnittstemperatur war im _____.

3 Die höchste Durchschnittstemperatur war im _____.

4 Im Juni 2023 lag die Durchschnittstemperatur bei _____.

5 Damit waren die Temperaturen im Juni 2023 etwa so wie im _____.

Textinhalte vergleichen

1 Vergleiche die folgenden beiden Sachtexte.

 a Überfliege die Texte zuerst.

Text 1

Was ist Wetter?

1 Unsere **Erde** wird **von einer Lufthülle**
2 **umgeben.** Diese Lufthülle besteht aus
3 unterschiedlichen Schichten. In der
4 **untersten Schicht entsteht das**
5 **Wetter.**

6 Unter Wetter versteht man, was
7 draußen zu sehen und zu fühlen ist:
8 zum Beispiel **Regen, Sonne, Wind,**
9 **Schnee oder Nebel.** Viele
10 **Erscheinungen des Wetters kann**
11 **man messen:** zum Beispiel die
12 **Temperatur,** den **Luftdruck** oder die **Windstärke. In den höheren Schichten** der
13 Lufthülle **sind diese Erscheinungen nur schwach** vorhanden.

Text 2

Unser Wetter

1 Wetter, das sind **Sonne, Regen, Wind, Nebel oder Schnee.** Das **Wetter kann sich**
2 **schnell ändern.** Das ist ein Unterschied zum **Klima, das sich langsam** über größere
3 Zeitspannen **ändert.**

4 Wie entsteht das Wetter? Das **Wetter entsteht durch das Zusammenwirken von**
5 **Luft, Sonne und Wasser** in der **untersten Schicht der Lufthülle um unsere Erde.**

6 Einige Wissenschaftler wollen das Wetter beeinflussen. Sie versuchen zum Beispiel
7 **mit chemischen Mitteln Regen zu erzeugen.**

b Was ist das gemeinsame Thema der beiden Texte? Kreuze an.

☐ Das Klima

☐ Wettervorhersagen

☐ Das Wetter

☐ Beeinflussung des Wetters

c Aus wie vielen Textabschnitten bestehen die Texte?
Trage die Anzahl in die Kästchen ein.

Text 1: ☐   Text 2: ☐

2 Lies die Texte jetzt nacheinander genau und vergleiche sie mithilfe der Tabelle.
Übertrage dazu die Tabelle in dein Heft.

Text 1	Text 2
1. Teilthema: _____	1. Teilthema: _____
– _____	– _____
– _____	– _____
2. Teilthema: _____	– _____
– _____	2. Teilthema: _____
_____	– _____
_____	– _____
– _____	3. Teilthema: _____
	– _____

a Ordne in der linken Spalte jedem Abschnitt von Text 1 ein Teilthema zu.

Erscheinungen des Wetters / Wo das Wetter entsteht

b Ordne in der rechten Spalte jedem Abschnitt von Text 2 ein Teilthema zu.

Wie das Wetter entsteht / Beeinflussung des Wetters / Unterschied von Wetter und Klima

c Schreibe unter die einzelnen Teilthemen die passenden fett gedruckten Stichwörter aus beiden Texten.

d Welche Aussagen in beiden Texten sind gleich? Markiere sie in der Tabelle in den gleichen Farben.

e Welche Aussagen unterscheiden sich? Ordne die Aussagen den Texten zu.

A Es gibt Wissenschaftler, die das Wetter beeinflussen möchten.   Text: _____

B Weit oben über der Erde sind die Wetter-Erscheinungen nur schwach.   Text: _____

Textbeschreibungen zu Sachtexten verfassen

 1 Lies den Text.

Folgen des Klimawandels

1 Der Klimawandel verändert die Welt. Er hat viele unterschiedliche Auswirkungen auf
2 Natur, Gesellschaft und Wirtschaft und unser tägliches Leben. Diese Auswirkungen
3 kann man an vielen unterschiedlichen Erscheinungen beobachten: Gletscher tauen,
4 es gibt mehr heiße Tage im Jahr, Zugvögel verhalten sich anders und der Frühling
5 beginnt früher als noch vor 40 Jahren.
6 Das Klima ändert sich und wird sich auch in Zukunft weiter wandeln. Die Ursache
7 dafür ist der Ausstoß von Treibhausgasen durch den Menschen. Das Klima verändert
8 sich langfristig: Das kann man an steigenden Durchschnittstemperaturen oder einem
9 höheren Meeresspiegel beobachten. Gleichzeitig gibt es kurzfristige Klimaänderungen
10 und häufiger Wetter mit besonders viel Regen oder Hitze, zum Beispiel Starkregen,
11 Dürren oder Hitzesommer.*

Quelle: Umweltbundesamt

2 Bereite eine Textbeschreibung vor.

 a Ergänze die **Einleitung** zur Textbeschreibung.

Der Titel des Textes lautet: „_____".

Der Text wurde vom _____ geschrieben.

In dem Text geht es um _____ .

 b Streiche nicht zutreffende Aussagen zum **Hauptteil** durch.

1 Der Text hat **einen / zwei / drei** Abschnitte.

2 Am Anfang des Textes heißt es, dass der Klimawandel die Welt **verändert / nicht beeinflusst.**

3 Die Feststellung wird **nicht mit Beispielen / mit Beispielen** belegt.

4 Im zweiten Abschnitt erfährt man, **was Treibhausgase sind / dass der Mensch die Treibhausgase ausstößt.**

5 Zum Schluss geht es um **langfristige und kurzfristige Klimaveränderungen / Klimaprojekte.**

 c Formuliere als Schluss deine eigene Meinung mithilfe des Wortkastens.

> erschreckend / nicht so schlimm / beängstigend / interessant

Die Folgen des Klimawandels finde ich _____

1 Erschließe die Grafik.

✎ **a** Um was für eine Art von Grafik handelt es sich? Kreuze an.

☐ ein Schaubild ☐ ein Diagramm ☐ eine Tabelle ☐ eine Karte

Der Klimawandel ist im Alltag angekommen

Anteil der Befragten, die Ereignisse beobachtet haben, für die der Klimawandel verantwortlich sein könnte

Zu warme Temperaturen für den Winter	60%
Stark schwankende/sich schnell verändernde Temperaturen	50%
Schnelle Wetterumschwünge	44%
Trockenheit	44%
Früheres Blühen von Bäumen, Blumen, etc.	41%
Stürme	39%
Frühere Rückkehr von Tieren aus Überwinterungsorten	34%
Starke/lange Regengüsse	31%

Quelle: YouGov

(cc) (i) (=)   YouGov   statista ◢

✎ **b** Um welches Thema geht es in der Grafik? Kreuze an.

☐ Beobachtungen von Wetteränderungen

☐ Beobachtungen von Ereignissen, für die der Klimawandel verantwortlich sein könnte

☐ Beobachtungen der Folgen des Klimawandels für Pflanzen und Tiere

✎ **c** Beantworte die Fragen zu der Grafik in Stichwörtern. Schreibe auf die Linien.

1 Was haben die Befragten am häufigsten beobachtet?

2 Welche beiden Ereignisse wurden gleich häufig beobachtet?

3 Welches Ereignis hat die Hälfte der Befragten beobachtet?

✎ **d** Kreise in der Grafik ein, was du selbst schon beobachtet hast.

2 Bereite eine Textbeschreibung vor.

a Lies den Text.

Ursachen des Klimawandels

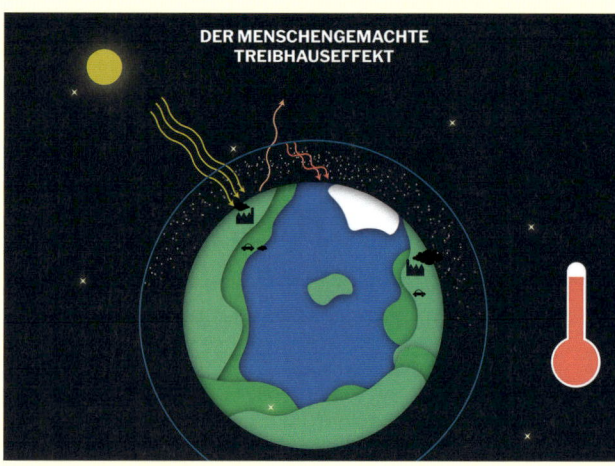

1 Das Klima auf der Erde verändert sich.
2 Die durchschnittlichen Temperaturen
3 steigen an. Klimaforscher können
4 durch viele Studien belegen, dass die
5 Menschen für den Anstieg der
6 Temperaturen verantwortlich sind. Die
7 Menschen erzeugen Treibhausgase,
8 durch die sich die Erde erwärmt. Die
9 Treibhausgase entstehen zum Beispiel
10 durch das Verbrennen von Kohle, Gas
11 und Öl. Diese fossilen Rohstoffe werden für die Stromerzeugung und als Treibstoff
12 für Autos, Flugzeuge und Schiffe gebraucht. Auch die Landwirtschaft schadet dem
13 Klima, denn das Vieh stößt beim Verdauen Treibhausgase aus.
14 Viele Wissenschaftler warnen vor den Folgen des Klimawandels. Er kann zum
15 Beispiel dazu führen, dass manche Tiere und Pflanzen aussterben. Es kann
16 außerdem zu Dürren und Überschwemmungen kommen. Die Wissenschaftler
17 sagen, man muss schnell etwas gegen den Klimawandel tun. Sonst kann das
18 Klima außer Kontrolle geraten.

b Ergänze die **Einleitung** zur Textbeschreibung.

*Der Titel des Textes lautet: „*_____

„*. In dem Text geht es um* _____

_____ .

c Streiche nicht zutreffende Aussagen zum Hauptteil durch.

   1 Der Text lässt sich in **einen / zwei / drei / keine** Abschnitte einteilen.

   2 Die Aussagen werden **nicht mit Beispielen / mit Beispielen** belegt.

   3 Man erfährt, dass **die Menschen für den Klimawandel verantwortlich sind / der Klimawandel außer Kontrolle gerät.**

d Nenne zum **Schluss** einen Grund, warum etwas gegen den Klimawandel getan werden muss. Schreibe auf die Linien.

Wunschberufe suchen

1 Um dich für einen Beruf zu entscheiden, musst du dich selbst gut kennen.

 a Fülle die Tabelle auf der linken Seite aus. Notiere deine Interessen und Stärken.

Eigene Einschätzung	Fremdeinschätzung
Meine Interessen	Deine Interessen
Meine Stärken	Deine Stärken

 b Bitte eine Partnerin oder einen Partner, deine Interessen und Stärken einzuschätzen und in der rechten Spalte zu notieren. Stimmt die Fremdeinschätzung mit deiner Einschätzung überein?

Tipp
Nutze auch das digitale Tool **Check-U** der Bundesagentur für Arbeit.

 c Wo werden deine Stärken und Interessen gebraucht? Schreibe einen oder mehrere Berufe auf, die dich interessieren. Du kannst die Vorschläge aus dem Wortkasten nutzen.

> Elektronikerin oder Elektroniker / Bäckerin oder Bäcker / Kauffrau oder Kaufmann / Dachdeckerin oder Dachdecker / Friseurin oder Friseur / Tischlerin oder Tischler / Landwirtin oder Landwirt / Gärtnerin oder Gärtner / Köchin oder Koch / …

Bei der Suche nach einem Ausbildungsplatz kannst du folgende Angebote nutzen:
- **Annoncen** in Zeitungen oder auf Plakaten: Stellenanzeigen von Firmen
- **Bundesagentur für Arbeit:** Informationen und Beratungsgespräche zu Berufen
- **Website eines Unternehmens:** Informationen zu Ausbildungsberufen und Angabe freier Ausbildungsplätze
- **Ausbildungsmessen:** Informationen zu unterschiedlichen Branchen und Unternehmen

Bewerbungen schreiben

📖 **1** Wiederhole, was du über Bewerbungsschreiben weißt. Lies das Bewerbungsschreiben von Sara Schmitz.

Sara Schmitz
Musterstraße 9
04231 Leipzig

Zahnarztpraxis Weber
Frau Dr. Lydia Weber
Beispielstr. 16
04234 Leipzig

Leipzig, 28. Januar 20..

Bewerbung um einen Ausbildungsplatz

Sehr geehrte Frau Dr. Weber,

Ihre Anzeige vom 15. Januar hat mein Interesse geweckt. Ich bewerbe mich um den Ausbildungsplatz.

Ich helfe seit drei Jahren unserer Nachbarin im Haushalt und kaufe für sie ein. Außerdem bin ich in einem Volleyballverein aktiv. Ich bin teamfähig, zuverlässig und kommunikativ.

Zurzeit besuche ich die 9. Klasse der Goethe-Oberschule in Leipzig, die ich im Sommer mit dem Hauptschulabschluss verlassen werde.

Erste Erfahrungen mit Patienten konnte ich während eines Praktikums bei einer Ärztin sammeln.

Ich freue mich auf die Einladung zu einem Gespräch.

Mit freundlichen Grüßen

Sara Schmitz

Anlagen: Lebenslauf, Kopie vom letzten Zeugnis, Praktikumsnachweis

✏ **2** Benenne die Teile eines Anschreibens. Schreibe die Begriffe auf die Linien.

✏ **3** Markiere in Saras Schreiben den Bewerbungssatz gelb, die Vorstellung der Bewerberin grün, den Grund für die Bewerbung rot und die Bitte um ein persönliches Gespräch blau.

> Der **tabellarische Lebenslauf** enthält folgende Angaben in kurzer, übersichtlicher Form: **Name, Adresse, Telefonnummer, E-Mail-Adresse, Geburtsdatum, Schulbildung, Kenntnisse** und **Interessen.**
> Freiwillig sind ein Bewerbungsfoto und Angaben zu Eltern und Geschwistern.

4 Zu einer Bewerbung gehört auch ein tabellarischer Lebenslauf.

a Lies den Merkkasten.

b Schreibe einen eigenen tabellarischen Lebenslauf.
Notiere Stichpunkte in übersichtlicher Form.

Lebenslauf

Name _____

Adresse _____

Telefon _____

E-Mail _____

Geburtsdatum _____

Geburtsort _____

Schulbildung _____

_____

Praktika _____

Fremdsprachen _____

Computer-Kenntnisse _____

Hobbys _____

Ort, Datum _____

Unterschrift _____

c Schreibe deinen Lebenslauf am Computer und drucke ihn aus. Denke an Unterschrift und Datum.

Vorstellungsgespräche führen

1 Sara Schmitz hat eine E-Mail erhalten.

 a Lies die E-Mail.

An:	Sara.schmitz@beispiel.de
Betreff:	Einladung zum Vorstellungsgespräch

Sehr geehrte Frau Schmitz,

vielen Dank für Ihre Bewerbung vom 28. Januar. Ihre Bewerbung hat uns gefallen und wir möchten Sie in einem Vorstellungsgespräch näher kennenlernen. Bitte kommen Sie am 13. Februar um 15:30 Uhr in die Zahnarztpraxis Weber, Beispielstraße 16 in 04234 Leipzig. Bitte bestätigen Sie uns den Termin per E-Mail.

Mit freundlichen Grüßen

Sandra Schulenburg

b Worum wird Sara Schmitz im letzten Satz der E-Mail gebeten? Schreibe es auf.

Bei der **Vorbereitung auf ein Vorstellungsgespräch** ist auch auf Folgendes zu achten:
– Man muss sich informieren, wo das Gespräch stattfindet und wie man termingerecht dort hingelangt.
– Man muss Kleidung auswählen, die dem Ausbildungsplatz angemessen ist.
– Man muss für ein gepflegtes Aussehen sorgen.

2 Sara Schmitz hat einiges notiert, was sie vor dem Vorstellungsgespräch erledigen muss. Ordne die Notizen im Wortkasten den Punkten 1 bis 4 passend zu.

> Beispielstraße 16 online suchen / Bluse waschen und bügeln /
> die Abfahrtszeiten der Tram notieren / Schuhe putzen und Fingernägel säubern

1 gepflegt aussehen: _____

2 die Adresse kennen: _____

3 pünktlich ankommen: _____

4 angemessen gekleidet sein: _____

Kurze epische Texte hören und lesen

 1 Lies die folgende Kurzgeschichte oder lass sie dir vorlesen.

Lew Tolstoi (1828–1910)

Der Sprung

1 Ein Schiff hatte eine Weltreise
2 gemacht und war auf dem Weg
3 nach Hause. Es war windstill.
4 Die ganze Mannschaft befand
5 sich auf dem Deck. Auch ein
6 großer Affe sprang dort herum.
7 Der Affe riss dem Sohn des
8 Kapitäns den Hut vom Kopf.
9 Er setzte sich selbst den Hut auf
10 und kletterte auf den Mast.
11 Alle lachten. Nur der Junge
12 wusste nicht, ob er lachen oder
13 sich ärgern sollte.

14 Der Affe setzte sich auf die
15 unterste Stange und begann,
16 wild am Hut zu zerren. Der
17 Junge drohte dem Affen und bekam einen roten Kopf. Er warf seine Jacke ab und
18 kletterte dem Affen hinterher. Als der Junge nach dem Hut greifen wollte, kletterte
19 der Affe weiter nach oben.

20 „Warte nur, ich kriege dich schon!", schrie der Junge. Der Affe lockte ihn wieder heran
21 und kletterte dann noch höher hinauf. So gelangten der Affe und der Junge in kurzer
22 Zeit bis zur obersten Stange. Nun streckte sich der Affe aus und hängte den Hut ans
23 Ende der Stange. Dann kletterte er auf die Mastspitze.

24 Der Junge war immer wütender geworden. Er ließ den Mast los und betrat die
25 Stange. Vom Deck aus sahen die Matrosen zu und erstarrten vor Entsetzen. Nur ein
26 Fehltritt – und der Junge würde abstürzen.

27 In diesem Augenblick kam der Kapitän hinzu. Er brachte ein Gewehr mit, um Möwen
28 zu schießen. Als er seinen Sohn auf dem Mast sah, legte er das Gewehr auf ihn an und
29 schrie ihm zu: „Ins Wasser! Spring sofort ins Wasser! Sonst erschieße ich dich!"
30 Der Junge schwankte, verstand aber nicht, was der Vater rief. „Spring oder ich
31 erschieße dich! ... Eins, zwei ..." Und im selben Augenblick, als der Vater „drei" rief,
32 sprang der Junge kopfüber ins Meer.

33 Der Körper schlug klatschend aufs Wasser auf. Sofort stürzten sich zwanzig Matrosen
34 vom Schiff ins Meer. Nach etwa vierzig Sekunden tauchte der Körper des Jungen
35 wieder auf. Er wurde aufs Schiff gezogen. Nach einigen Minuten begann er zu atmen.
36 Als der Kapitän dies sah, stieß er plötzlich einen Schrei aus und lief unter Deck.
37 Niemand sollte sehen, wie er weinte.*

> Um einen **literarischen Text zu verstehen,** untersucht man seinen Inhalt und seine Form. Daraus lassen sich **Erklärungen (Interpretationen)** ableiten. Man untersucht:
> - die **Handlung:** Thema, Ablauf der Handlung, Handlungsort, Handlungszeit
> - die **Figuren:** Aussehen, Besonderheiten, Gedanken, Gefühle, Verhalten
> - die **Gestaltungsmittel:** Erzählperspektive, sprachliche Mittel

2 Untersuche die Handlung der Kurzgeschichte.

a Kreuze die richtige Aussage an.

Der Text erzählt …

☐ von einem Meeres-Ungeheuer. ☐ von einem Unwetter auf hoher See.

☐ von einem Jungen auf einem Schiff, der durch einen Affen in eine gefährliche Situation gerät.

b Ordne die Handlungsschritte. Nummeriere sie in der richtigen Reihenfolge von 1 bis 6.

☐ Der Junge folgt dem Affen bis zur obersten Stange und stürzt fast ab.

☐ Der Junge springt ins Wasser und wird gerettet.

☐ Der Kapitän weint vor Glück, weil sein Sohn überlebt hat.

☐ Ein Affe springt auf dem Deck eines Schiffs herum.

☐ Der Affe reißt dem Jungen den Hut vom Kopf und klettert damit auf den Mast.

☐ Der Kapitän zwingt seinen Sohn, ins Meer zu springen.

3 Wie werden die Figuren dargestellt? Verbinde die Figuren mit passenden Adjektiven.

1 Junge		**A** belustigt
2 Kapitän		**B** wütend
3 Matrosen		**C** wild
4 Affe		**D** erleichtert

4 Aus wessen Sicht wird erzählt? Markiere im Wortkasten. Der gelb markierte Satz in der Kurzgeschichte auf Seite 27 hilft dir.

> Ich-Erzähler / Er-Erzähler / Sie-Erzählerin / Ich-Erzählerin

5 Was könnte der Vater nach der gelungenen Rettung zu seinem Sohn sagen? Ergänze die wörtliche Rede. Zeige dabei, wie sich der Vater fühlt.

Der Kapitän sagte zu seinem Sohn: „Ich bin so _____ darüber,

dass du lebst. Ich habe unter Deck vor Erleichterung _____."

Textbeschreibungen zu epischen Texten verfassen

Eine **Textbeschreibung** gibt Auskunft über den **Inhalt** und die **Besonderheiten** (Form und Sprache) eines Textes. Die Aussagen zum Text belegt man mit **Zitaten.** Eine Textbeschreibung besteht aus folgenden Teilen:

Einleitung:
- Name der Autorin oder des Autors
- Textsorte (Kurzgeschichte, Erzählung, Roman)
- Titel
- Thema

Hauptteil:
- Inhaltsangabe
- wichtige Figuren und ihre Merkmale
- Erzählperspektive
- sprachliche Mittel

Schluss:
- eigene Meinung zum Text

1 Notiere alle wichtigen Informationen für die **Einleitung** einer Textbeschreibung zur Kurzgeschichte **Der Sprung** von Seite 27.

1 Name des Autors: _____

2 Textsorte: _____

3 Titel: _____

4 Thema: _____

Lew Tolstoi, 1910

2 Ergänze die **Einleitung** einer Textbeschreibung zur Kurzgeschichte **Der Sprung**. Nutze deine Ergebnisse aus Aufgabe 1.

Die _____ des russischen Autors _____

erschien unter dem Titel _____. In der Kurzgeschichte

geht es um _____

_____

_____.

3 In Timos Inhaltsangabe für den **Hauptteil** einer Textbeschreibung sind Satzteile durcheinandergeraten. Verbinde die Satzanfänge mit den passenden Enden.

1 Die Kurzgeschichte handelt	**A** beobachten belustigt das Spiel des Affen mit dem Jungen.
2 Der Affe	**B** den Jungen aus dem Meer.
3 Die Matrosen	**C** verlässt das Deck und weint vor Erleichterung.
4 Der Junge folgt dem Affen	**D** mit einem Gewehr und zwingt den Jungen, ins Wasser zu springen.
5 Die Mannschaft befürchtet,	**E** bis zur obersten Stange.
6 Der Kapitän, Vater des Jungen, erscheint	**F** dass der Junge abstürzen wird.
7 Die Matrosen retten	**G** von einem Jungen, der von einem Affen geärgert wird.
8 Der Kapitän	**H** stiehlt den Hut des Jungen und klettert auf den Mast.

 **4** Timo hat die Figuren aus der Kurzgeschichte **Der Sprung** in seiner Textbeschreibung dargestellt. Sind seine Aussagen richtig oder falsch? Kreuze an.

	richtig	falsch
Der Affe ist ein liebes Tier und lässt sich gerne streicheln.		
Der Junge lässt sich von dem Affen ärgern und wird richtig wütend.		
Die Matrosen sind gelangweilt und interessieren sich nicht für den Affen.		
Die Matrosen sind erschrocken, als der Junge auf die Stange klettert.		
Der Kapitän will seinen Sohn retten, als er ihm mit dem Gewehr droht.		
Am Ende lacht der Kapitän vor Freude darüber, dass sein Sohn überlebt hat.		

Erzählen

Geschichten umschreiben und weiterschreiben

1 Bereite die Fortsetzung einer Erzählung vor.

 a Lies den Beginn der folgenden Erzählung von Lucy.

1 Im vergangenen Sommer verbrachte ich einen Teil meiner
2 Ferien gemeinsam mit meinen Eltern an der Ostsee. Wir
3 wohnten in einer kleinen Pension nicht weit vom Strand
4 entfernt. Am zweiten Tag lernte ich den Sohn unserer
5 Vermieterin kennen. Jan war 17 Jahre alt, sah gut aus
6 und ich mochte ihn. Ich verbrachte viel Zeit mit Jan.

7 An einem sonnigen, aber windigen Nachmittag nahm
8 mich Jan mit zum Jachthafen. Dort zeigte er mir sein
9 Segelboot. Es war ein altes Segelboot. Ich dachte, dass
10 es nicht besonders sicher aussieht. Aber Jan konnte gut
11 segeln. Seine Fahrkünste beeindruckten mich sehr. Als wir
12 den Hafen verlassen hatten, fragte ich Jan, ob ich auch
13 einmal steuern dürfte. Ich hatte vorher noch nie ein
14 Segelboot gesteuert. Jan ließ mich steuern und erklärte
15 mir, wie man segelt. Als wir eine Weile gesegelt waren,
16 sprang Jan plötzlich aus dem Boot. Er rief mir zu: „Lucy,
17 ich schwimme zurück zum Hafen. Mal sehen, wer zuerst
18 dort ist." Ich bekam einen riesigen Schreck und schrie,
19 er solle sofort zurückkommen. Aber Jan schien das nicht
20 zu hören. Ich wurde immer panischer und konnte keinen
21 klaren Gedanken mehr fassen. Was sollte ich nur tun?

b Würdest du die Geschichte gern weiterlesen? Begründe deine Meinung.

2 Untersuche den Beginn der Erzählung genauer.

a Lucys Erzählung ist spannend. Kreuze an, was die Erzählung spannend macht.

☐ Das Wetter ist sonnig.

☐ Das Segelboot ist alt und wirkt nicht sicher.

☐ Jan segelt sehr gut.

☐ Lucy hat vorher noch nie ein Segelboot gesteuert.

☐ Lucy schreit, Jan solle sofort zurückkommen.

☐ Lucy wird panisch und kann nicht klar denken.

b Lies den folgenden Merkkasten über sprachliche Mittel.

> Durch **sprachliche Mittel** entsteht ein interessanter und spannender Text. Wenn du eine Erzählung **umschreibst** oder **weiterschreibst,** kannst du folgende sprachliche Mittel verwenden:
> • treffende Verben (Beispiele: schreien, fluchen, stottern, zittern)
> • anschauliche Adjektive und Nomen/Substantive (Beispiel: altes Segelboot)
> • wörtliche Rede
> • Fragen

c Ordne den unten genannten sprachlichen Mitteln jeweils ein Beispiel aus dem Wortkasten zu. Schreibe es auf die Linie.

> Fahrkünste / Er rief: „Lucy, ich schwimme zurück zum Hafen." / Ich schrie. /
> immer panischer / Was sollte ich nur tun?

1 Treffendes Verb: _____

2 Anschauliches Adjektiv: _____

3 Anschauliches Nomen: _____

4 Wörtliche Rede: _____

5 Frage: _____

3 Sprachliche Mittel können helfen, die Erzählung von Lucy noch interessanter zu machen.

a Vervollständige den folgenden Textauszug durch passende Ergänzungen aus dem Wortkasten.

> so laut ich konnte / mit ruhigen Worten / sicher führt

Jan vertraute mir das Ruder an und erklärte mir _____ ,

wie man ein Segelboot _____. Als wir eine Weile

gesegelt waren, sprang Jan plötzlich aus dem Boot. Er rief mir zu: „Lucy, ich

schwimme zurück zum Hafen. Mal sehen, wer zuerst dort ist." Ich bekam einen

riesigen Schreck und schrie, _____ , er solle sofort

zurückkommen.

b Welche wörtliche Rede passt zur Erzählung von Lucy? Kreuze an.

☐ Ich fragte Jan: „Darf ich einmal das Ruder übernehmen?"

☐ Herr Hansen beschwert sich: „Heute früh war die Milch sauer."

☐ Ich schrie: „Bist du wahnsinnig? Komm sofort zurück!"

☐ „Ich hätte gern ein Stück Käsekuchen mit Sahne", sagte Jan.

4 So könnte eine Fortsetzung der Erzählung aussehen.

a Lucy hat einen Handlungsstrahl für die Fortsetzung der Erzählung angelegt.
Lies die Handlungsschritte.

| 1. Lucy segelt bis kurz vor den Hafen. | 2. Jan schwimmt zurück zum Boot. | 3. Er lenkt das Boot sicher an seinen Liegeplatz. | 4. Lucy hat die Bewährungsprobe auf See bestanden. |

b Zu den Handlungsschritten hat Lucy Dialogtexte geschrieben, die die Erzählung
interessanter machen sollen. Allerdings ist die Reihenfolge durcheinandergeraten.
Ordne die Dialogtexte den Handlungsschritten zu. Nummeriere sie dazu mit 1 bis 4.

☐ „Hey, Lucy. Beruhige dich!
Ich komme jetzt zurück an
Bord", rief Jan mir zu.

☐ Jan erklärte: „Siehst du, es
ist ganz einfach. Beim nächsten
Mal schaffst du es auch, das
Boot in den Hafen zu lenken."

☐ „Du hast ein Talent fürs Segeln.
Das war mir sofort klar, als du
das Ruder übernommen hast.
Ich gratuliere zur bestandenen
Bewährungsprobe!", lobte Jan.

☐ „Ich muss ruhig bleiben und
mich ganz aufs Segeln
konzentrieren",
sagte ich
zu mir
selbst.

Dramenszenen hören und lesen

Eine Dramenszene erschließen

1 Im Drama **Nathan der Weise** von Gotthold Ephraim Lessing geht es um das Thema Religion.

👁 **a** Sieh dir die beiden Fotos an.

✏ **b** Was siehst du auf dem linken Foto? Schreibe auf.

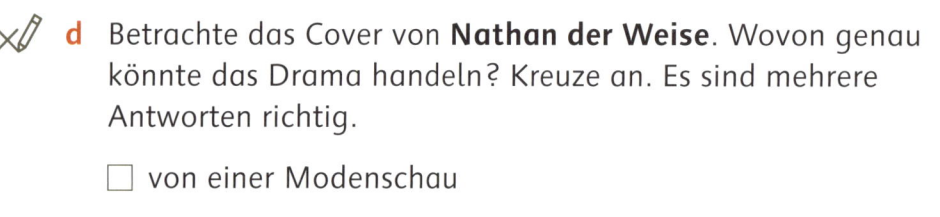

✏ **c** Für welche Religionen stehen die drei Zeichen auf dem rechten Foto? Schreibe die Religionen auf.

Islam,

✏ **d** Betrachte das Cover von **Nathan der Weise**. Wovon genau könnte das Drama handeln? Kreuze an. Es sind mehrere Antworten richtig.

☐ von einer Modenschau

☐ von den drei Religionen Judentum, Christentum und Islam

☐ von der Frage, welche Religion die beste ist

☐ von lustigen Kopfbedeckungen

☐ vom Frieden zwischen Religionen

2 Lies die folgende Zusammenfassung.
Darin erfährst du, was im Drama **Nathan der Weise** passiert.

1 Der muslimische Sultan Saladin lässt den Juden Nathan in seinen Palast in
2 Jerusalem rufen, weil Nathan sehr klug sein soll. Saladin möchte von Nathan wissen,
3 welche Religion die beste ist: die jüdische, die muslimische oder die christliche.
4 Nathan erzählt Saladin die Geschichte eines Ringes.

3 Lies den folgenden Auszug aus dem Drama oder lass ihn dir vorlesen.

Dritter Aufzug, siebter Auftritt

1	**Nathan:**	Vor vielen Jahren lebte ein Mann im Osten,
2		der einen Ring von unschätzbarem Wert
3		besaß. Der Stein
4		hatte eine geheime Kraft. Bei Gott
5		und den Menschen beliebt war jeder,
6		der ihn trug.
7		Der Mann gab den Ring
8		seinem Lieblings-Sohn.
9		Und er legte fest, dass auch dieser
10		den Ring dem Sohn vererben soll,
11		der ihm der liebste ist.
12		So kam nun dieser Ring
13		zu einem Vater von drei Söhnen,
14		die er alle gleich lieb hatte.
15		Als er im Sterben liegt, kommt der gute Vater
16		in Verlegenheit.
17		Er schickt im Geheimen nach einem Künstler,
18		bei dem er, nach dem Muster seines Ringes,
19		zwei andere bestellt. Er verlangt, sie
20		vollkommen gleich zu machen. Das gelingt
21		dem Künstler. Als er die Ringe bringt,
22		kann selbst der Vater den Muster-Ring
23		nicht unterscheiden. Froh ruft
24		er seine Söhne, jeden für sich.
25		Er gibt jedem seinen Segen
26		und seinen Ring – und stirbt.
27	**Saladin:**	Die Ringe! – Spiele nicht mit mir! – Ich denke,
28		dass die Religionen, die ich dir
29		nannte, doch wohl zu unterscheiden sind.
30	**Nathan:**	Basieren nicht alle auf Geschichte?
31		Aufgeschrieben oder überliefert! – Und
32		die Geschichte muss man glauben. Nicht wahr?
33		Und wem glaubt man am meisten? Doch denen, die
34		uns von Kindheit an ihre Liebe gezeigt haben.
35		Wie kann ich meinen Vätern weniger
36		als du deinen glauben? Oder umgekehrt. –
37		Das Gleiche gilt für die Christen. Nicht wahr? –
38	**Saladin:**	(Der Mann hat recht.
39		Ich muss verstummen.)*

> Die Geschichte, die Nathan erzählt, ist als Ring-Parabel bekannt. Eine **Parabel** ist eine kurze Erzählung mit einer besonderen Bedeutung. Die Leserinnen und Leser sollen durch sie etwas für ihr Leben lernen.

4 Beantworte die Fragen zum Text.

a Wie heißen die beiden Hauptfiguren in dieser Szene? Schreibe die Namen auf.

b Wieso ruft der Sultan Saladin den Juden Nathan zu sich in den Palast? Kreuze an.

☐ Nathan hat etwas Verbotenes getan, der Sultan möchte ihn bestrafen.

☐ Nathan gilt als besonders klug, Saladin möchte seinen Rat.

☐ Nathan ist ein Sternendeuter, er soll Saladin die Zukunft vorhersagen.

c Wo findet sich die Ring-Parabel im Text? Kreuze an.

☐ in den Zeilen 1 bis 26

☐ in den Zeilen 27 bis 39

d Was gibt der sterbende Vater seinen drei Söhnen in Nathans Geschichte? Kreuze an.

☐ Er gibt jedem ein Stück Land.

☐ Er gibt jedem einen Ring.

☐ Er gibt jedem etwas Geld.

5 Warum gibt der Vater allen Söhnen gleich viel?
Beantworte die Frage in einem ganzen Satz.
Die graue Markierung im Text hilft dir.

6 Welche Bedeutung haben die drei Ringe in Nathans Parabel? Kreuze an.

Die Ringe stehen für …

☐ die drei Kontinente Europa, Asien und Afrika.

☐ die drei Religionen Judentum, Christentum und Islam.

☐ drei Wünsche in einem Märchen.

7 Was möchte Nathan dem Sultan mit der Parabel sagen? Kreuze an.

☐ Alle Menschen sind gleich viel wert.

☐ Keine Religion ist besser als die andere.

Lyrische Texte hören und lesen

Lyrische Texte analysieren und interpretieren

1 Lerne ein Gedicht aus der Epoche des **Sturm und Drang** kennen.

a Lies das folgende Gedicht aus dem Jahr 1773.

Gottfried August Bürger (1747–1794)

Der Bauer

An seinen durchlauchtigen[1] Tyrannen[2]

1	Wer bist du, Fürst, dass ohne Scheu	**1 durchlauchtig:** fürstlich, edel
2	Zerrollen mich dein Wagenrad,	**2 Tyrann:** Gewaltherrscher
3	Zerschlagen darf dein Ross[3]?	**3 Ross:** Pferd

1 Wer bist du, Fürst, dass ohne Scheu
2 Zerrollen mich dein Wagenrad,
3 Zerschlagen darf dein Ross[3]?

4 Wer bist du, Fürst, dass in mein Fleisch
5 Dein Freund, dein Jagdhund, ungebläut[4]
6 Darf Klau'[5] und Rachen haun?

7 Wer bist du, dass durch Saat[6] und Forst[7]
8 Das Hurra deiner Jagd mich treibt,
9 Entatmet[8] wie das Wild? –

10 Die Saat, so deine Jagd zertritt,
11 Was Ross und Hund und du verschlingst,
12 Das Brot, du Fürst, ist mein.

13 Du Fürst hast nicht bei Egg und Pflug[9],
14 Hast nicht den Erntetag durchschwitzt.
15 Mein, mein ist Fleiß und Brot! –

16 Ha! du wärst Obrigkeit[10] von Gott?
17 Gott spendet Segen aus; du raubst!
18 Du nicht von Gott, Tyrann!

1 durchlauchtig: fürstlich, edel
2 Tyrann: Gewaltherrscher

3 Ross: Pferd

4 ungebläut: ungestraft
5 Klau: Kralle

6 Saat: Felder
7 Forst: Wald
8 entatmet: atemlos

9 Egg und Pflug: Geräte zum Bearbeiten eines Ackers

10 Obrigkeit von Gott: von Gott ernannter Herrscher

b Wenn es möglich ist, lass dir das Gedicht zusätzlich von einer anderen Person vorlesen. Höre konzentriert zu.

2 Worum geht es in dem Gedicht? Kreuze das Thema an.

☐ Klage eines Bauern über die schlechte Ernte

☐ Lob eines Fürsten durch einen Bauern

☐ Anklage eines Bauern, der Kritik an seinem Herrscher übt

3 Wer ist das lyrische Ich in dem Gedicht?
Kreuze an.

☐ ein Bauer ☐ ein Fürst ☐ Gott

Tipp
Den Sprecher oder die Sprecherin in einem Gedicht nennt man das **lyrische Ich.**

4 In welcher Stimmung ist das lyrische Ich?
Wähle ein passendes Adjektiv aus dem Wortkasten und schreibe einen Satz.

fröhlich / wütend / friedlich

_____

_____

5 Untersuche den Aufbau des Gedichts.

a Ergänze die Sätze.

1 Das Gedicht hat _____ Strophen.

2 Es besteht aus _____ Versen.

b Sind die folgenden Aussagen zur Form des Gedichts richtig oder falsch? Kreuze an.

	richtig	falsch
Das Reimschema des Gedichts ist ein Paarreim.		
Das Gedicht enthält keine Reime.		
Das Reimschema des Gedichts ist ein Kreuzreim.		

6 Informiere dich über die Entstehungszeit des Gedichts.

a Lies den Merkkasten über die Epoche des **Sturm und Drang.**

Im 18. Jahrhundert herrschten Fürsten, die das Volk unterdrückten. Mutige Menschen lehnten sich dagegen auf und übten Kritik.
In den Jahren 1765 bis 1785 gab es eine Bewegung von jungen Dichtern, die man heute als Epoche **Sturm und Drang** nennt. Dichter des **Sturm und Drang** waren zum Beispiel Johann Wolfgang Goethe und Gottfried August Bürger. In ihren Gedichten drückten die Dichter ihre Gefühle offen und deutlich aus.

b Was trifft auf das Gedicht zu? Kreuze an.

☐ Das Gedicht entstand zur Zeit des **Sturm und Drang.**

☐ In dem Gedicht kritisiert der Fürst einen Bauern.

☐ Das lyrische Ich drückt seine Gefühle offen und deutlich aus.

Textbeschreibungen zu lyrischen Texten verfassen

> In einer **Textbeschreibung** geht es um den Inhalt und die Besonderheiten (Form, Sprache) eines Textes. Die Textbeschreibung sollte folgende **Bestandteile** haben:
> - **Einleitung:** Name des Dichters oder der Dichterin, Textsorte (zum Beispiel Gedicht, Ballade), Titel und Thema,
> - **Hauptteil:** Inhaltsangabe, sprachliche Besonderheiten (zum Beispiel Vergleiche, Metaphern), Form (Verse, Strophen, Reim),
> - **Schluss:** Informationen zum Dichter oder zur Dichterin und zur Entstehungsgeschichte des Gedichts, eigene Meinung (Gedanken, Gefühle).

1 Erarbeite eine Textbeschreibung zu dem Gedicht **Der Bauer an seinen durchlauchtigen Tyrannen.**

a Lies den folgenden **Einleitungssatz** zu einer Textbeschreibung.

Gottfried August Bürgers Gedicht **Der Bauer an seinen durchlauchtigen Tyrannen** handelt von der Anklage eines Bauern, der Kritik an seinem Herrscher übt.

b Markiere in dem Einleitungssatz die folgenden Bestandteile in unterschiedlichen Farben: Dichter, Textsorte, Titel und Thema.

c Lies den folgenden **Hauptteil** der Textbeschreibung.

Das lyrische **Du / Ich** ist ein Bauer, der sich über die Unterdrückung durch **einen Fürsten / einen Kollegen** beklagt. Der Fürst lässt den Bauern von seinem Hund jagen und beißen. Der Bauer muss dem Fürsten seine Ernte geben, für die er viel gearbeitet hat. Der Bauer sagt, dass **das in Ordnung / das Raub** ist.
Das Gedicht hat **5 / 6** Strophen mit je **3 / 4** Versen. Es gibt **ein Reimschema / keine Reime** in dem Gedicht.

d Welche der fett gedruckten Informationen im Hauptteil ist richtig? Streiche die falschen Informationen durch.

e Vervollständige den folgenden Schluss der Textbeschreibung.

> Sturm und Drang / mutig / Gottfried August Bürger / offen und deutlich

Der Dichter _____ schrieb das Gedicht zur Zeit des

_____ . Die Dichter dieser Bewegung drückten ihre

Gefühle _____ aus. Ich finde es _____

von dem Dichter, so einen kritischen Text zu schreiben.

2 Schreibe die vollständige Textbeschreibung in dein Heft.

Präsentationen gestalten

1 Welche Arbeitsschritte gehören in die Einleitung, in den Hauptteil oder in den Schluss einer Präsentation? Markiere die Arbeitsschritte im Wortkasten mit unterschiedlichen Farben.

1 Farbe: Einleitung

2 Farbe: Hauptteil

3 Farbe: Schluss

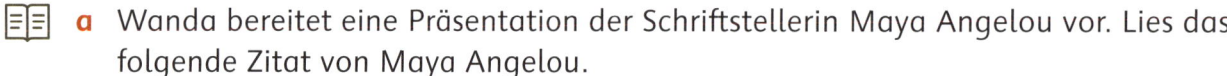

Informationen zum Thema geordnet vortragen / Interesse der Zuhörenden wecken / Gliederung vorstellen / den Zuhörenden für das Interesse danken / die Informationen mit Anschauungsmaterial unterstützen / das Thema der Präsentation nennen / zu Fragen auffordern / Wesentliches zusammenfassen

2 Eine Präsentation soll das Publikum von der ersten Minute an fesseln.

a Wanda bereitet eine Präsentation der Schriftstellerin Maya Angelou vor. Lies das folgende Zitat von Maya Angelou.

„Ich bin schwarz, ich bin eine Frau, ich bin aus den Südstaaten. Schaut mich an und schaut euch an. Warum sollte es irgendetwas geben, was ihr nicht könnt?"

Maya Angelou (Schriftstellerin, 1928–2014)

b Wanda hat sich verschiedene Einleitungssätze für ihre Präsentation überlegt. Welche Einleitung weckt das Interesse des Publikums? Kreuze an.

☐ Heute halte ich einen Vortrag über Maya Angelou.

☐ Maya Angelou war eine Bürgerrechtlerin aus den USA.

☐ Ist das nicht ein Widerspruch: Frau, schwarz und erfolgreich?

3 Eine Präsentation soll anschaulich sein. Kreuze alle Formen an, die helfen, Inhalte anschaulich zu machen.

☐ Steckbrief

☐ langer schriftlicher Text

☐ Lernplakat

☐ Schaubild

☐ Präsentationsfolien

☐ Mindmap

☐ mehrseitige Tabellen

☐ Handout

Aktiv zuhören und mitschreiben

Aktives Zuhören führt zu einem besseren Verstehen. Dazu sollte man:
- die Vortragende oder den Vortragenden **ansehen,**
- **Rückmeldungen geben** (nicken, den Kopf schütteln, Stirn runzeln),
- alles Wichtige, Interessante oder Unklare **mitschreiben,**
- **nachfragen.**

Das **Mitschreiben** unterstützt das aktive Zuhören. Man kann wichtige Informationen festhalten, um zum Beispiel eine bestimmte Höraufgabe zu lösen.

1 Kreuze alle Beispiele an, in denen die Personen aktiv zuhören.

☐ Maria durchsucht während der Präsentation ihren Rucksack nach ihrem Pausenbrot.

☐ Finn stellt am Ende der Präsentation eine Frage zu einem Fachbegriff, den er nicht verstanden hat.

☐ Mia nickt der Vortragenden zu, als diese fragt, ob sie die nächste Folie zeigen kann.

☐ Mattis sieht den Vortragenden während der Präsentation an.

☐ Luis schreibt während der Präsentation wichtige Gedanken mit.

☐ Sylvie schaut während der Präsentation aus dem Fenster und sieht den Spatzen zu.

2 Um schnell mitzuschreiben, kannst du Hilfen nutzen. Verbinde die Hilfen 1 bis 4 mit den passenden Beispielen A bis D.

Hilfen für das schnelle Mitschreiben		Beispiele
1 Zeichen oder Symbole wie Pfeile, Gedankenstriche, Nummerierungen und Aufzählungszeichen nutzen		**A** Maya Angelou: Bürgerrechtlerin und Schriftstellerin
2 Stichpunkte formulieren		**B** ca., z. B., geb.
3 farbig markieren		**C** reiste 1954–1955 durch Europa → lernte verschiedene Sprachen
4 Abkürzungen verwenden		**D** Lebensdaten: 1928–2014

Facharbeiten schreiben

1. Die folgenden Arbeitsschritte sind beim Schreiben einer Facharbeit nötig.
   Nummeriere sie in der richtigen Reihenfolge von 1 bis 6.

   ☐ Text entwerfen

   ☐ Material sammeln, Informationen suchen

   ☐ Quellenverzeichnis erstellen

   ☐ Gliederung entwerfen

   ☐ über das Thema nachdenken

   ☐ Text überarbeiten

2. Der folgende Lückentext erklärt, wie du Informationen für deine Facharbeit finden
   kannst. Setze die Wörter aus dem Wortkasten passend in die Lücken ein.

   > Ordner / Textstellen / Stichpunkte / Internet / Kopien / Quellenverzeichnis / Katalogen

   Zuerst stellst du Schlüsselwörter für die Suche in

   _____ von Bibliotheken und

   im _____ zusammen.

   Dann wählst du geeignete Bücher, Zeitschriften oder

   sonstige Texte aus und fertigst _____

   oder Ausdrucke an.

   Lege dir auf dem Computer einen _____

   zum Sammeln des Materials an.

   Notiere alle Angaben zu den benutzten Texten

   (Autor, Titel, Erscheinungsort, Erscheinungsjahr, Seitenzahl) für das

   _____ .

   Markiere wichtige _____ .

   Notiere _____ zu wichtigen Informationen.

3 Informiere dich darüber, wie eine Facharbeit aufgebaut ist.

a Lies den folgenden Merkkasten.

> Eine **Facharbeit** ist eine zusammenhängende Arbeit zu einem ausgewählten **Thema.**
> Mit dieser Arbeit zeigt man, dass man sich mit einem Thema gründlich und
> selbstständig auseinandersetzen kann. Eine Facharbeit zu schreiben ist aufwändig,
> daher sollte man genug Zeit einplanen.
>
> Zu einer **Facharbeit** gehören:
> • ein Deckblatt,
> • das Inhaltsverzeichnis,
> • der Text und
> • der Anhang (Quellenverzeichnis).

b Kreuze alle Teile an, die eine Facharbeit enthalten muss. Du musst vier Kreuze setzen.

☐ ein farbig illustriertes Cover

☐ ein Inhaltsverzeichnis

☐ viele Bilder

☐ ein Quellenverzeichnis

☐ den Text

☐ Diagramme und Grafiken

☐ ein Deckblatt

☐ einen Klappentext

4 Mia will ein Deckblatt für ihre Facharbeit erstellen. Ergänze die passenden Angaben
aus dem Kasten.

> Mia Jacobs / Autorinnen und Autoren im Exil (1933–1945) / Deutsch /
> Lessingschule / Frau Ludowig / 2024/25

Facharbeit

im Fach _____

Thema: _____

Verfasst von: _____ Schuljahr: _____

Betreuende Lehrkraft: _____ Schule: _____

Wortarten und Wortformen

Die Wortarten im Überblick

1 Wiederhole die Wortarten.

a Verbinde die Wortarten mit den Erklärungen.

Wortart		Erklärung
1 das Adjektiv		**A** bezeichnet Tätigkeiten
2 das Adverb		**B** verbindet Einzelwörter, Wortgruppen und Teilsätze miteinander
3 der Artikel		**C** gibt an, wann, wo, wie und warum etwas geschieht
4 die Konjunktion		**D** bezeichnet Eigenschaften
5 das Nomen/ Substantiv		**E** ist ein Begleitwort von Nomen/ Substantiven, kann bestimmt oder unbestimmt sein
6 das Verb		**F** bezeichnet Personen, Tiere, Gegenstände, Gedanken, Gefühle, Zustände

b Ordne die Beispiele den Wortarten zu. Schreibe hinter jedes Beispiel die passende Nummer.

spielen ☐   gelb ☐   aber ☐   die ☐   Koffer ☐   gestern ☐

2 Bestimme Wortarten.

a Lies den folgenden Text.

1 Jugendliche haben einen eigenen
2 Geschmack bei der Kleidung. Manchmal
3 streiten die Jugendlichen deswegen mit
4 den Eltern. Lisa möchte heute ein Tanktop
5 und kurze Shorts tragen. Die Mutter will,
6 dass Lisa eine Bluse anzieht.

b Welche Wortarten enthält der Text? Schreibe die Wörter in dein Heft und notiere dahinter die Wortarten.
Jugendliche: Nomen, ...

Nomen/Substantive

> **Nomen/Substantive** schreibt man mit **großem Anfangsbuchstaben.** Sie haben ein grammatikalisches **Geschlecht** (Genus: männlich, weiblich, sächlich) und eine **Zahl** (Numerus: Singular/Plural). Nomen sind **veränderbar**, denn sie lassen sich **beugen** (deklinieren). Nomen können mit **Begleitwörtern** (Artikel, Adjektiv, Pronomen) auftreten und **nominale Wortgruppen** bilden. Bei der **Erweiterungsprobe** helfen die Begleitwörter, die Nomen zu erkennen.

1 Untersuche die Nomen.

a Lies den Text.

1 Paul trägt nur alte Hosen. Jede hat ein Loch oder große Risse. Zu dem Outfit
2 gehören außerdem die bunten Turnschuhe, das coole T-Shirt mit den Farbflecken und
3 ein dunkles Piratentuch unter dem Basecap.

b Schreibe die unterstrichenen Nomen untereinander auf die Linien.

Tipp
Um das Geschlecht zu bestimmen, bildet man die Einzahl (Singular).

c Notiere dahinter die Zahl und das Geschlecht.

Hosen: Mehrzahl, weiblich

_____

_____

_____

_____

_____

_____

_____

_____

d Markiere in den Sätzen die Begleitwörter vor den Nomen.

e Kreise die nominalen Wortgruppen ein.

f Schreibe die Begleitwörter heraus. Ordne sie nach den Wortarten.

Artikel: _____

Adjektiv: _____

Verben und Adjektive können zu **Nomen/Substantiven** werden. Man spricht dann von einer **Nominalisierung/Substantivierung**. Begleitwörter wie Artikel, Pronomen, Präposition, Zahlwort oder Adjektiv erweitern die Nominalisierung/Substantivierung zu einer **nominalen Wortgruppe**. Beispiele: beim Laufen, das Grün

2 Untersuche die Nominalisierungen.

a Lies die Sätze.

₁ Zur Mode gehörte früher das Tragen von Reifröcken. Das Besondere an den Reifröcken
₂ war die außergewöhnliche Breite. Beim Anziehen musste den adeligen Damen eine
₃ Dienerin helfen.

b Unterstreiche in den Sätzen die Nominalisierungen.

c Überprüfe dein Ergebnis. Markiere dazu die Begleitwörter vor den Nominalisierungen.

d Handelt es sich um nominalisierte Verben oder Adjektive?
Ordne die Nominalisierungen in die Tabelle ein.

nominalisierte Verben	nominalisierte Adjektive
_____	_____
_____	_____

3 Bilde Nominalisierungen von den Verben in Klammern und ergänze die Sätze.

1 Das _____ von Modepuppen in Schaufenstern ist verbreitet.
(aufstellen)

2 Das _____ an den Modepuppen ist, dass man sie immer nach der
neuesten Mode kleiden kann. (praktisch)

3 Regelmäßiges _____ der Puppen ist Aufgabe der Angestellten.
(umkleiden)

4 Verb oder Nominalisierung? Setze die Verben in den Klammern in der richtigen
Wortart ein.

1 Das _____ langer Haare zum Dutt ist modern. (binden)

2 Meine Freunde _____ ihre Haare am liebsten zum Dutt. (binden)

3 Wir _____ unsere Gesichter für ein Kostümfest. (schminken)

4 Das _____ der Gesichter macht großen Spaß. (schminken)

Verben

Zeitformen (Tempusformen)

> **Verben** können unterschiedliche **Zeitformen** haben. Die **einfachen Zeitformen**
> sind **Präsens** und **Präteritum.** Diese werden mit **finiten (gebeugten)** Verbformen
> gebildet. Zu den **zusammengesetzten Zeitformen** gehören **Perfekt,**
> **Plusquamperfekt und Futur I.** Sie setzen sich aus einer **finiten** und einer **infiniten**
> **(ungebeugten) Verbform** zusammen.

1 Erkenne die Zeitformen.

 a Lies den Text.

1 Karim kauft sich gern Kleidung. Er hat sich zum
2 Geburtstag Geld dafür gewünscht. Bisher kaufte
3 Karim seine Sachen im Secondhand-Laden.
4 Dort ist die Kleidung günstiger. Karim war
5 immer zufrieden mit der gebrauchten Kleidung.
6 Am nächsten Wochenende wird Karim auf den
7 Flohmarkt gehen. Er sagt zu seiner Freundin
8 Anna: „Neulich habe ich auf dem Flohmarkt
9 ein cooles T-Shirt gesehen. Am Wochenende
10 werde ich es kaufen."

 b Markiere im Text die Verben mit unterschiedlichen Farben.

1 Farbe: Verben im Präsens

2 Farbe: Verben im Präteritum

3 Farbe: Verben im Perfekt

4 Farbe: Verben im Futur I

2 Untersuche Zeitformen.

 a Ergänze in der Tabelle die Verben in den passenden Zeitformen.

> sie hat gefunden / sie fand / sie wird finden / ich nähte / ich werde nähen /
> ich habe genäht

Präsens	er trägt	sie findet	ich nähe
Präteritum	er trug		
Perfekt	er hat getragen		
Futur I	er wird tragen		

 b Unterstreiche die finiten (gebeugten) Verbformen.

3 Setze die Verben in Klammern in der vorgegebenen Zeitform ein.

1 Julie _____ schöne Kleider. (mögen, Präsens)

2 Sie _____ sich heute ein neues Kleid _____. (kaufen, Perfekt)

3 Dabei _____ Julie schon sieben Kleider im Schrank. (haben, Präteritum)

4 In einem Jahr _____ ihr Schrank voll _____. (sein, Futur I)

> Das **Plusquamperfekt** drückt aus, dass eine Handlung **zeitlich vor einer anderen Handlung in der Vergangenheit** stattgefunden hat. Es wird mit den Hilfsverben **hatte** oder **war** und dem **Partizip II** gebildet.
> Beispiele:
> Ich hatte fest geschlafen, bevor mich ein lauter Knall weckte.
>
> Nachdem graue Wolken aufgezogen waren, fing es an zu regnen.

4 Markiere die Hilfsverben in einer Farbe und das Partizip II in einer anderen Farbe.

1 Ich hatte ein Glas Wasser getrunken.

2 Du warst ins Kino gegangen.

3 Er hatte sich um eine neue Stelle beworben.

4 Wir waren schnell losgelaufen.

5 Ihr hattet ein Ticket gekauft.

6 Sie waren zu Besuch gekommen.

5 Bilde das Plusquamperfekt.

a Lies die Sätze.

b Suche im Wortkasten das passende Hilfsverb und setze es im Satz ein.

hatte / hattest / hatten / war / waren

c Bilde das Partizip II des Verbs in der Klammer und setze es ein.

1 Du _____ drei Stunden _____, als es an der Tür klingelte. (arbeiten)

2 Sie _____ lange _____, bis sie das passende Hemd fanden. (suchen)

3 Marthe _____ im Schaufenster ein schickes Kleid _____. (sehen)

4 Wir _____ vorher auf eine Bekleidungsmesse _____. (gehen)

5 Ich _____ im letzten Jahr schon einmal dort _____. (sein)

Modusformen

> Den **Konjunktiv I (die Möglichkeitsform)** verwendet man, um Äußerungen als
> **indirekte (nicht wörtliche) Rede** wiederzugeben.
> Beispiel:
> Mia sagt: „Ich <u>will</u> diese Schuhe nicht anziehen." (direkte Rede)
> Mia sagt, sie <u>wolle</u> diese Schuhe nicht anziehen. (indirekte Rede)

1 Erkenne indirekte Rede.

a Lies den Text.

1 „Seht mal, da kommt ein Glücksbringer!", rufen die Leute, wenn sie Mia sehen.
2 Das gefalle ihr, erklärt die junge Schornsteinfegerin. Die Berufskleidung verrät auch
3 Ivos Beruf. „Ich bin Zimmermann", berichtet er stolz. Er liebe Holz und arbeite gerne
4 damit, fügt er hinzu.

b Unterstreiche Sätze mit indirekter Rede.

c Markiere die Verbformen im Konjunktiv I.

2 Formuliere die direkte Rede in die indirekte Rede um.

> **Tipp**
> Du musst die Pronomen anpassen.

1 Lisa sagt: „Ich finde keine interessante Ausbildung."

Lisa sagt, sie finde keine interessante Ausbildung.

2 Burhan antwortet: „Ich werde Schneider."

3 Özlem berichtet: „Meine Schwester arbeitet auch als Schneiderin."

4 Die Zwillinge sagen gleichzeitig: „Eine Schneiderwerkstatt ist echt interessant."

> **Indirekte Rede** kann man auch mit der Form von **würde + Infinitiv** wiedergeben.
> Beispiel: „Sie tragen Mützen." – Er sagte, sie <u>würden</u> Mützen <u>tragen</u>.

3 Formuliere die Sätze in indirekter Rede mit **würde + Infinitiv**.

1 „Sie kommen heute." – Er sagt, sie _____ heute _____ .

2 „Er holt die Zeitung." – Sie sagt, er _____ die Zeitung _____ .

Aktiv- und Passivformen

> Von den meisten Verben kann man eine **Aktivform** und eine **Passivform** bilden.
> Die **Aktivform** verwendet man, wenn ausdrücklich betont werden soll, wer handelt.
> Beispiel: Leyla näht Kleider.
> Die Passivform wird verwendet, wenn es unwichtig oder unbekannt ist, wer handelt.
> Im Passiv wird die Handlung betont. Man bildet das Passiv mit **wird** oder **werden**
> und dem **Partizip II** eines anderen Verbs.
> Beispiel: Hosen werden oft getragen.

1 Erkenne die Aktivformen und Passivformen.

a Lies die Sätze.

1 Die Bühne ist leer. _____

2 Sie wird noch geschmückt. _____

3 Die Dekoration steht schon vor dem Saal. _____

4 Die Dekorateure sind noch nicht da. _____

5 Bis zur Aufführung werden die Kisten weggeräumt. _____

b Schreibe auf die Linien, ob die unterstrichenen Verben im Aktiv oder im Passiv stehen.

2 Bilde Sätze im Passiv.

a Lies die Sätze im Aktiv.

1 Für eine Modenschau braucht man eine Bühne.

   Für eine Modenschau wird eine Bühne

   gebraucht.

> **Tipp**
> Das **Partizip II** bildest du häufig mit **ge +** Wortstamm **+ en** oder **t.** Bei Verben mit Vorsilben bildest du das Partizip II ohne **ge.**

2 Heute baut man das Bühnenbild.

3 Man benötigt auch kräftige Scheinwerfer.

4 Jetzt beginnt man mit der Tonprobe.

 b Formuliere die Sätze ins Passiv um. Schreibe die Passivsätze unter die Aktivsätze.

Adjektive

> **Adjektive** bezeichnen Eigenschaften von Menschen, Tieren oder Dingen. Adjektive
> kann man komparieren (steigern). Es gibt drei Steigerungsstufen:
>
> **Positiv** (Grundstufe)   **Komparativ** (Mehrstufe)   **Superlativ** (Meiststufe)
>
> die <u>dünne</u> Bluse   die <u>dünnere</u> Bluse   die <u>dünnste</u> Bluse

1 Im folgenden Text geht es um einen nützlichen Schuh.

a Lies den Text.

1 Diese Schuhe sind älter als 3 500 Jahre. Schon die Ureinwohner Südamerikas
2 tauchten ihre Stoffschuhe in den Saft des Gummibaums. So blieben ihre Füße
3 trocken, sogar beim stärksten Regen. Allerdings ist der Saft des Gummibaums
4 giftig. Heute ist die Herstellung dieser Schuhe gesünder und einfacher.
5 Bei Regenwetter sind es die praktischsten Schuhe.

Der Schuh heißt _____.

b Welcher Schuh ist gemeint? Schreibe den Namen mit dem Artikel auf die Linie.

c Markiere im Text die sieben Adjektive.

d Schreibe die Adjektive in die Tabelle und ordne sie der richtigen Steigerungsstufe zu.

Positiv (Grundstufe)	Komparativ (Mehrstufe)	Superlativ (Meiststufe)
_____	_____	_____
_____	_____	_____
	_____	

> Mithilfe von Adjektiven kann man **Vergleiche** ausdrücken.
> Bei **Gleichheit** verwendet man die **Grundstufe + wie.**
> Beispiel: Die Hose ist so <u>weich</u> wie das Kissen.
> Bei **Ungleichheit** verwendet man die **Mehrstufe + als.**
> Beispiel: Der Schuh ist <u>größer</u> als der Fuß.

2 Setze die Adjektive in der richtigen Steigerungsstufe ein.

1 Die Schuhe von Karim sind _____ **als** Yegors Schuhe. (neu)

2 Die kurze Hose gefällt ihr genauso _____ **wie** der Minirock. (gut)

3 Badelatschen sind _____ **als** feste Schuhe. (leicht)

Pronomen

> **Pronomen** sind **Begleitwörter** von **Nomen/Substantiven** oder ersetzen diese als Stellvertreter. Zu den Pronomen gehören zum Beispiel:
> - **Personalpronomen** (ich, du, er/sie/es, wir, ihr, sie)
> - **Reflexivpronomen** (mich, mir, dich, dir, sich, uns, euch, sich)
> - **Relativpronomen** (der, die, das, welcher, welche, welches, wer, was)
> - **Possessivpronomen** (mein, dein, sein/ihr, unser, euer, ihr)

1 Ergänze in der Tabelle die Personalpronomen.

	Singular (Einzahl)	**Plural (Mehrzahl)**
1. Person		
2. Person		
3. Person		

2 Ordne den Nomen die **Personalpronomen** zu, die sie als Stellvertreter ersetzen können.

die Stoffe   das Kleid   der Rock   die Hose

es   er   sie (Singular)   sie (Plural)

3 Ersetze die unterstrichenen Nomen durch passende Personalpronomen. Schreibe die Sätze auf die Linien.

1 Die Frau sucht einen bunten Hut.

2 Der junge Mann möchte lieber ein Basecap.

4 Setze das richtige **Possessivpronomen** ein.

1 Auf dem Teppich sind _____ (ich) Schuhe.

2 _____ (er) Hausschuhe stehen unter _____ (sie) Bett.

3 _____ (wir) Schuhe mussten wir draußen lassen.

4 Er hat _____ (du) Schuhe heute in _____ (ich) Fach gestellt.

5 **Reflexivpronomen** beziehen sich auf das Subjekt im Satz und werden zusammen mit bestimmten Verben benutzt.

a   Unterstreiche in den Sätzen, worauf sich das markierte Reflexivpronomen bezieht.

1 Ich sehe `mir` die Modenschau an.

2 Du ärgerst `dich` über die kaputte Hose.

3 Der junge Mann bestellt `sich` ein Ticket.

4 Wir kaufen `uns` neue Kleidung.

> **Tipp**
> Das Subjekt kann eine nominale Wortgruppe sein. Beispiel:
> Das rote Kleid steht dir gut.

b   Markiere das `Reflexivpronomen`, das sich auf das unterstrichene Subjekt bezieht.

1 Sie möchte sich als Model bewerben.

2 Ich will mich bei der Modelagentur bewerben.

3 Ihr könnt euch auch als Models bewerben.

6 **Relativpronomen** leiten einen Nebensatz ein. Sie beziehen sich auf ein bereits genanntes Nomen. Der Nebensatz gibt weitere Informationen zu diesem Nomen.

a   Ergänze das passende Relativpronomen. Es sind mehrere Lösungen möglich.

> das / die / der / welche / welcher / welches

Menschen mit Behinderung tragen auch gern Kleidung, _____ schick und

modern ist. Für sie ist Kleidung wichtig, _____ sie allein an- und ausziehen

können. Praktisch ist ein Magnetknopf, _____ sich leicht schließen und

öffnen lässt. Es gibt ein Modelabel, _____ Kleidung für Menschen im

Rollstuhl entwirft.

b   Unterstreiche das Nomen, auf das sich das Relativpronomen bezieht.

7 Markiere die unterstrichenen `Personalpronomen`, `Reflexivpronomen`, `Relativpronomen` und `Possessivpronomen` in unterschiedlichen Farben.

1 Erinnerst du dich daran, wie wir Kleidung für meinen Bruder gesucht haben? Es ging
2 um Hosen, die er allein an- und ausziehen kann. Seine Lieblingshose war kaputt.
3 Jemand, der im Rollstuhl sitzt, braucht keine Hosentaschen am Po. Eine Firma aus
4 Wien hat sich auf Mode für Menschen spezialisiert, die sich mit einem Rollstuhl
5 fortbewegen.

Präpositionen

> **Präpositionen** drücken zum Beispiel **räumliche** und **zeitliche Beziehungen** aus. Sie beziehen sich immer auf ein **Nomen** oder **Pronomen.** Präpositionen gehören zu den **nicht veränderbaren Wortarten.**

1 Unterstreiche in den Sätzen die Präpositionen.

1 Farben haben seit langer Zeit unterschiedliche Bedeutungen.

2 Früher stand die Farbe Rot für Männer und Blau für Frauen.

3 In Japan verbindet man Purpur mit dem Kaiser.

4 Bei einer Beerdigung tragen die Trauernden oft schwarze Kleidung.

2 Wende Präpositionen an.

a Ergänze in den Sätzen die Präpositionen aus dem Wortkasten.

nach / über / bei / vor / auf

1 _____ dem Hemd trage ich eine Jacke.

2 Die Schuhe stehen _____ seiner Oma.

3 _____ dem Sport ziehe ich mich um.

4 _____ dem T-Shirt ist ein Fleck.

5 _____ dem Fest ziehe ich mein bestes Kleid an.

b Markiere die Nomen, auf die sich die Präpositionen beziehen.

c Zeitlich oder räumlich? Übertrage die Tabelle in dein Heft und ordne die Präpositionen aus den Sätzen in die Tabelle ein.

räumliche Präposition	zeitliche Präposition

3 Artikel und Präpositionen können zu einem Wort verschmelzen. Verbinde die Wortpaare mit den verschmolzenen Wörtern.

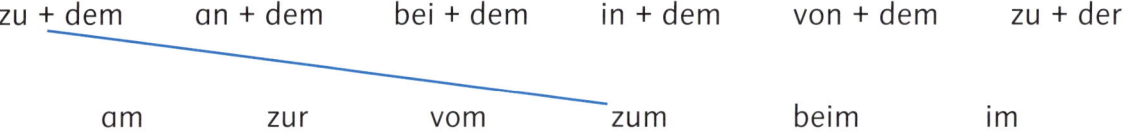

zu + dem   an + dem   bei + dem   in + dem   von + dem   zu + der

am   zur   vom   zum   beim   im

Adverbien

> **Adverbien** geben an, wann, wo, wie und warum etwas geschieht.
> Beispiele: morgen, sofort, sehr.

1 Erkenne die Adverbien.

a Lies den Text.

1 Maike und Eva gehen oft auf den Flohmarkt.
2 Dort kaufen sie gebrauchte Kleidung.
3 Manchmal bekommen sie Sachen geschenkt.
4 Deshalb gehen sie gern auf den Flohmarkt.

b Unterstreiche die fünf <u>Adverbien</u>.

c Ordne die fünf Adverbien den Fragewörtern zu. Schreibe sie jeweils dahinter.

Wann? (die Zeit): _____

Wo? (der Ort): _____

Wie? (die Art und Weise): _____

Warum? (der Grund): _____

2 Adverbien können die Bedeutung von Wörtern verstärken oder abschwächen.

a Auf welches Wort im Satz bezieht sich das fett gedruckte Adverb? Unterstreiche.

1 Tuan kauft sich **sehr** gern große T-Shirts. ☐

2 Seine T-Shirts sind auch **extrem** weit. ☐

3 Nele mag helle T-Shirts mit **besonders** großen Blumen. ☐

4 Kim ist **einigermaßen** wählerisch bei ihren Sachen. ☐

b Schreibe ☐+ in das Kästchen hinter dem Satz, wenn das Adverb das Bezugswort
verstärkt. Schreibe ☐– in das Kästchen, wenn das Adverb das Bezugswort abschwächt.

3 Ergänze abschwächende und verstärkende Adverbien.

1 Lara interessiert sich _____ wenig für Mode.

2 Minh erscheint immer in _____ sauberer Kleidung.

3 Luka legt keinen _____ großen Wert auf sein Äußeres.

4 Seine Hemden sind _____ selten gebügelt.

> **Präpositionaladverbien** werden aus <u>Adverbien</u> und <u>Präpositionen</u> gebildet.
> Beispiel: <u>wo</u> + <u>bei</u> → wobei
> Mit Präpositionaladverbien kann man **Wiederholungen vermeiden.**
> Sie ersetzen Präpositionalgruppen.
> Beispiel:
> Nachmittags gehe ich zum Training. <u>Nach dem Training</u> gehe ich zu Tom.
> Nachmittags gehe ich zum Training. <u>Danach</u> gehe ich zu Tom.

4 Unterstreiche in den Präpositionaladverbien das <u>Adverb</u> und die <u>Präposition</u>.

dabei – wodurch – hierfür – damit – wovon – hierzu

5 Bilde mit jedem <u>Adverb</u> mindestens drei Präpositionaladverbien, indem du eine <u>Präposition</u> aus dem Wortkasten ergänzt.

Tipp
Beginnt die Präposition mit einem Vokal, wird bei **wo** und **da** ein **r** eingefügt.

an / aus / auf / in / bei / durch / für / mit / von / zu

wo + ...: _woran,_ _____

da + ...: _____

hier + ...: _____

6 Vermeide Wiederholungen mithilfe von Präpositionaladverbien.

a Kreise in den markierten Präpositionalgruppen die Präposition ein.

b Formuliere den zweiten Satz mit Präpositionaladverb und schreibe ihn auf die Linien.

1 Ich interessiere mich für Mode. Vitja interessiert sich auch sehr für Mode.

_____

2 Ich sollte die Karten für die Modemesse kaufen. Aber dann hatte ich viel zu tun, sodass ich nicht an die Karten gedacht habe.

_____

3 Ich hoffe, ihr lacht nicht über meine neue Frisur. Vitja hat sich über meine neue Frisur lustig gemacht.

_____

Konjunktionen

Konjunktionen sind Bindewörter. Sie verbinden Wörter, Wortgruppen und Sätze miteinander.
Nach ihrer **Bedeutung** unterscheidet man:
• **aufzählende Konjunktionen:** und, oder, sowohl … als auch …, weder … noch …,
• **entgegenstellende Konjunktionen:** aber, jedoch, doch.

1 Bestimme die Konjunktionen.

a Lies die Sätze.

b Markiere aufzählende Konjunktionen in einer Farbe.

c Markiere entgegenstellende Konjunktionen in einer anderen Farbe.

1 In Lisas Schrank hängen Kleider, Mäntel und Hosen.

2 Siri trägt oft kurze Hosen, aber keine Röcke.

3 Im Sommer zieht Nina entweder ein Kleid oder eine kurze Hose an.

4 Maja mag weder kurze noch lange Röcke.

5 Zu einer Hose kann man sowohl T-Shirts als auch Blusen tragen.

6 Manchmal setzt meine Mutter einen Hut auf, doch nur einen Sonnenhut.

2 Setze passende Konjunktionen in die Lücken ein.

entweder … oder / doch / oder / sowohl … als auch / und / aber

1 Das Einstiegsalter zum Modeln liegt für Mädchen

zwischen 16 _____ 18 Jahren.

Tipp
Bei manchen Sätzen sind mehrere Lösungen möglich.

2 Mario musste sich entscheiden: Schule _____ Laufsteg.

3 Diese Modelagentur sucht _____ Jugendliche _____ Erwachsene.

4 Marlene hat schon an einer Modenschau teilgenommen, _____ noch an keinem Fotoshooting.

5 Hassan ist ziemlich schüchtern, _____ er arbeitet als Model.

6 Luzia will _____ Model _____ Modedesignerin werden.

Interjektionen

> **Interjektionen** sind Ausrufe, die zum Beispiel Überraschung, Enttäuschung und Ärger ausdrücken.
> Beispiel: „Wow, was für ein cooles Shirt!"

1 Interjektionen können unterschiedliche Empfindungen ausdrücken.

a Schreibe in die Sprechblasen neben den Bildern passende Interjektionen.

Puh! / Brrr! / Jippie! / Igitt!

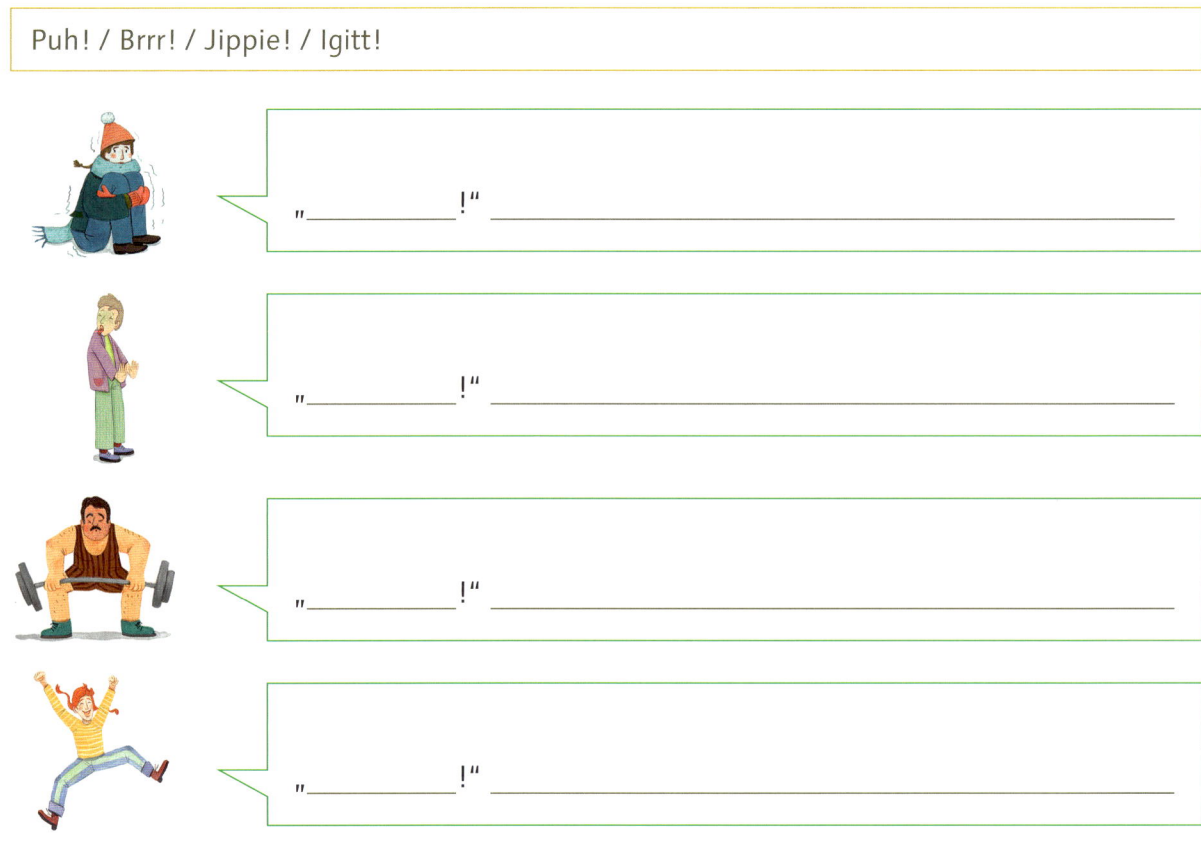

„_____ !" _____

„_____ !" _____

„_____ !" _____

„_____ !" _____

b Ordne den Interjektionen Empfindungen zu. Schreibe sie auf die Linien neben den Interjektionen.

Kälte / Ekel / Anstrengung / Freude

2 Wähle passende Interjektionen aus und ergänze die Äußerungen.

Tja / Oje / Na ja / Iiiih / Wow / Aha

1 _____, was ist denn da passiert?

2 _____! Das sieht ja eklig aus!

3 _____, Pech gehabt!

Satzbau und Zeichensetzung

Bau des einfachen Satzes

Die Satzglieder im Überblick

> Das **Subjekt** ist das **Satzglied,** über das etwas ausgesagt wird.
> Nach dem Subjekt fragen wir mit: **Wer?** oder **Was?**
> Beispiele: Die Jugend demonstriert regelmäßig. **Wer** demonstriert regelmäßig?
> Die Aktionen werden genau geplant. **Was** wird genau geplant?

1 Erkenne das Subjekt.

a Schreibe die Frage nach dem Subjekt unter jeden Satz.

b Markiere das Subjekt im Satz.

1 Jeden Freitag treffen sich Jugendliche zu einer Demonstration.

Frage: Wer _____ ?

2 Die Demonstrationen finden in vielen Ländern statt.

Frage: Was _____ ?

> Das Satzglied **Prädikat** sagt etwas über das Subjekt aus.
> Nach dem Prädikat fragen wir mit: **Was wird ausgesagt?**
> Prädikate können **einteilig** und **mehrteilig** sein.
> Beispiel:
> Die Jugend demonstriert regelmäßig. **Was wird** über die Jugend **ausgesagt?**
> Die Aktionen werden genau geplant. **Was wird** über die Aktionen **ausgesagt?**

2 Einteilig oder mehrteilig? Markiere in den Sätzen das Prädikat.

1 Jeden Freitag treffen sich Jugendliche zu einer Demonstration.

2 Die Demonstrationen finden in vielen Ländern statt.

3 Bilde aus den verwürfelten Satzbausteinen Sätze.

Tipp
Es sind mehrere
Lösungen möglich.

a Schreibe die Sätze in dein Heft.

1	Der Schüler	stellt … frei	seit Langem
2	Die Jugendlichen	kommen	ein Plakat für die Demonstration
3	Die Schulleiterin	hat … geplant	mit dem Fahrrad
4	Die Teilnehmenden	nehmen … teil	alle teilnehmenden Klassen

b Markiere in den Sätzen Subjekt und Prädikat in unterschiedlichen Farben.

> Das **Objekt** ist ein Satzglied. Es ergänzt das Prädikat.
> Objekte stehen in einem bestimmten Fall.
> Nach dem **Dativobjekt** fragen wir mit: **Wem ...?**
> Nach dem **Akkusativobjekt** fragen wir mit: **Wen ...?** oder **Was ...?**
> Beispiel: Die Demonstrantin erklärt uns ihren Standpunkt.
> **Wem** erklärt die Demonstrantin ihren Standpunkt? uns   **Dativobjekt**
> **Was** erklärt uns die Demonstrantin? ihren Standpunkt   **Akkusativobjekt**

4 **Dativobjekt** oder **Akkusativobjekt**?

 a Frage nach den unterstrichenen Wortgruppen. Nutze den Merkkasten.

 b Schreibe unter die Sätze, ob es sich um ein Dativobjekt oder ein Akkusativobjekt handelt.

1 Die 14-jährige Malala aus Pakistan besuchte trotz Verbot <u>die Schule</u>.

2 Eines Tages hielt eine Terrorgruppe <u>den Schulbus</u> an.

3 Malala wurde dabei <u>von einem Mann</u> angeschossen.

> Nach der **Adverbialbestimmung des Ortes** fragen wir mit:
> **Wo ...? Woher ...? Wohin ...?**
> Nach der **Adverbialbestimmung der Zeit** fragen wir mit:
> **Wann ...? Wie lange ...? Seit wann ...? Bis wann ...? Wie oft ...?**
> Nach **Adverbialbestimmungen der Art und Weise** fragen wir mit: **Wie ...?**
> Beispiel: Wir demonstrierten gestern friedlich vor dem Rathaus.
> **Wann** demonstrierten wir? gestern   **Adverbialbestimmung der Zeit**
> **Wo** demonstrierten wir? vor dem Rathaus   **Adverbialbestimmung des Ortes**
> **Wie** demonstrierten wir? friedlich   **Adverbialbestimmung der Art und Weise**

 5 Markiere die **Adverbialbestimmung des Ortes, der Zeit** und **der Art und Weise** in unterschiedlichen Farben.

1 Malala überlebte diesen Anschlag nur knapp.

2 Nach dem Anschlag musste Malala operiert werden.

3 Die Operation fand in Großbritannien statt.

4 Heute kämpft Malala für Schulbildung in Pakistan.

5 Im Jahr 2014 bekam Malala in der Stadt Oslo den Friedensnobelpreis.

Bau des zusammengesetzten Satzes

Die Satzreihe (Parataxe)

> **Zusammengesetzte Sätze** bestehen aus zwei oder mehreren Teilsätzen.
> Wenn beide Teilsätze Hauptsätze sind, bilden sie eine **Satzreihe** (Parataxe).
> Die **Hauptsätze** werden durch ein **Komma** voneinander getrennt.
> Sie können auch durch **und** oder **oder** verbunden sein.

1 Erkenne die Satzreihe.

a Unterstreiche in den Teilsätzen das Verb.

b Markiere die Teilsätze in unterschiedlichen Farben.

c Schreibe die Sätze einzeln auf.

1 Sea-Watch ist eine Organisation von Freiwilligen und sie hilft Flüchtlingen.

2 Die Organisation rettet Menschen in Seenot und sie bringt die Flüchtlinge in Sicherheit.

2 Bilde aus den zwei Hauptsätzen eine Satzreihe. Nutze das Bindewort **und.**

1 Carola Rackete ist eine Kapitänin. Sie hilft Menschen in Not.

Carola Rackete ist eine Kapitänin und sie hilft Menschen in Not.

2 2016 wurde sie Kapitänin von einem Rettungsschiff. Drei Jahre später rettete sie 53 Menschen.

3 Rackete brachte die Menschen in einen Hafen. Die Polizei nahm sie daraufhin fest.

> Die **Hauptsätze** können durch eine **Konjunktion** oder ein **Adverb** verbunden sein. Auch in diesem Fall muss zwischen den Teilsätzen ein **Komma** gesetzt werden.
> Beispiel: Carola Rackete half Flüchtlingen, <u>deshalb</u> kam sie vor Gericht.

3 Überlege, wo in den folgenden Satzreihen ein Komma stehen muss.

a Lies die Sätze.

Achtung, Fehler!

1 Racketes Schiff durfte in keinen Hafen fahren sondern es musste zwei Wochen auf dem Meer bleiben.

2 Carola Rackete wusste von dem Verbot aber sie brachte das Schiff trotzdem in den Hafen.

3 Den Flüchtlingen ging es immer schlechter deshalb fuhr Rackete in den Hafen.

4 Die Flüchtlinge waren in Sicherheit allerdings stieß das Schiff im Hafen gegen ein italienisches Boot.

5 Die italienische Polizei verhaftete Rackete denn die Kapitänin war nach ihrer Meinung eine Straftäterin.

6 Rackete wurde festgenommen doch nach drei Tagen kam sie wieder frei.

b Unterstreiche die <u>Konjunktionen</u> oder <u>Adverbien</u> zwischen den Teilsätzen.

c Ergänze das Komma zwischen zwei Teilsätzen.

4 Bilde aus zwei Hauptsätzen eine Satzreihe. Verwende das Bindewort in Klammern. Schreibe die Sätze auf die Linien. Denke an das Komma.

1 Carola Rackete wurde verhaftet. Sie musste nicht ins Gefängnis. (allerdings)

_____

_____

2 Das Gericht sprach Rackete frei. Sie stand nicht mehr unter Hausarrest. (daher)

_____

_____

3 Rackete hatte gegen ein Verbot verstoßen. Sie hatte dadurch Menschen gerettet. (aber)

_____

_____

Das Satzgefüge (Hypotaxe)

> Ein **Satzgefüge** (Hypotaxe) besteht mindestens aus einem **Hauptsatz** (HS) und einem **Nebensatz** (NS). Dazwischen steht ein **Komma.**
> Daran erkennt man den Nebensatz:
> • Am **Anfang** steht meistens ein **Einleitewort.**
> • Am **Ende** steht die **finite** (gebeugte) **Verbform.**
> Beispiel:
> Menschen kämpfen für Gerechtigkeit,   weil sie unzufrieden sind.
> Hauptsatz (Hs),   Nebensatz (Ns)
> Weil sie unzufrieden sind,   kämpfen Menschen für Gerechtigkeit.
> Nebensatz (Ns),   Hauptsatz (Hs)

1 Erkenne das Satzgefüge.

a Lies die zusammengesetzten Sätze.

1 Mahatma Gandhi kämpfte für sein indisches Volk, obwohl er schüchtern war.

  Hauptsatz   *, Nebensatz*

2 Er war gegen die britische Herrschaft, die fast 200 Jahre bestand.

3 Weil er ohne Gewalt kämpfte, wurde Gandhi für viele zum Vorbild.

4 Warum er dafür ins Gefängnis kam, verstanden viele Menschen nicht.

b Unterstreiche in den Teilsätzen das Verb.

c Rahme die Einleitewörter ein.

d Sind die Teilsätze **Hauptsätze** oder **Nebensätze?** Schreibe auf die Linien.

e Bestimme mithilfe des Merkkastens, um welche Art von Nebensatz es sich handelt. Schreibe die Nummern der Sätze auf die Linien.

Konjunktionalsatz *1,*   Fragewortsatz _____   Relativsatz _____

> Nebensätze können nach der Art des Einleitewortes unterschieden werden:
> • **Konjunktionen:** da, weil, dass, als, wenn, ob, obwohl   **Konjunktionalsatz**
> • **Fragepronomen:** wo, wann, wie, warum, was   **Fragewortsatz**
> • **Relativpronomen:** der, die, das, welcher   **Relativsatz**

2 Erkenne den Hauptsatz und den Nebensatz im Satzgefüge.

 a Lies die Sätze.

1 Gandhi war ein Mann der friedlich für seine Überzeugungen kämpfte.

2 Er benötigte keine Waffen weil er gut reden konnte.

3 Er hatte ein Ziel das viele Inder wichtig fanden.

4 Gandhi ist noch wichtig für viele Menschen obwohl er tot ist.

5 Die Unabhängigkeit von Indien zeigt wie erfolgreich er war.

b Rahme die Einleitewörter der Nebensätze ein.

c Unterstreiche die finiten Verbformen.

d Markiere die Hauptsätze mit einer Farbe und die Nebensätze mit einer anderen Farbe.

e Ergänze die Kommas in den Satzgefügen.

3 Bilde Satzgefüge.
Wandle jeweils den zweiten Satz in einen Konjunktionalsatz um.
Verwende die Konjunktion in Klammern.
Schreibe die Sätze auf die Linien.
Denke an das Komma.

1 Gandhi erhielt den Ehrentitel Mahatma. Er kämpfte friedlich für seine Mitmenschen. (weil)

2 Gandhi ging nach seinem Studium in England zurück nach Indien. Er wollte den Menschen dort helfen. (da)

3 Gandhi kämpfte bis zu seinem Tod. Er wurde oft verhaftet. (obwohl)

Die Kommasetzung im Überblick

Ein **Komma** muss zum Beispiel gesetzt werden bei:
• **Aufzählungen** von Wörtern und Wortgruppen,
Beispiel: Gandhi lebte in <u>Indien, Südafrika</u> und London.
• **Datumsangaben,**
Beispiel: Am <u>Freitag, dem 30. Januar 1948,</u> wurde Mahatma Gandhi ermordet.
• **Infinitivgruppen** (erweiterter Infinitiv mit zu),
Beispiel: Gandhi kämpfte ohne Gewalt<u>, um die Unabhängigkeit Indiens zu erreichen</u>.
• **zusammengesetzten Sätzen** (Satzgefügen, Satzreihen),
Beispiele: <u>Obwohl Gandhi oft für den Nobelpreis nominiert war, erhielt er ihn nie</u>.
<u>Gandhi erreichte sein Ziel, denn Indien wurde unabhängig</u>.
• **Anreden, Ausrufen.**
Beispiele: <u>Lieber Paul,</u> …
<u>Hallo,</u> ist da jemand?

1 Wende die Regeln zur Kommasetzung an.

 a Lies die Sätze.

1 Liebes Publikum, ich berichte euch heute über mutige Menschen.

Anrede
_____

2 Mutige Menschen waren zum Beispiel Nelson Mandela, Mahatma Gandhi, Martin Luther King, Jeanne d'Arc und Rosa Parks.

_____

3 Die schwarze Bürgerrechtlerin Rosa Parks wurde bestraft, weil sie im Bus nicht für einen weißen Fahrgast aufstand.

_____

4 Am Dienstag, dem 4. Februar 1913, wurde Rosa Parks in den USA geboren.

_____

5 Mutige Menschen gibt es überall, aber sie sind nicht immer berühmt.

_____

 b Warum wurde das Komma gesetzt? Schreibe die passende Begründung auf die Linie.

Aufzählung / ~~Anrede~~ / Datumsangabe / Satzgefüge / Satzreihe

Die Zeichensetzung beim Zitieren

> Ein **Zitat** ist die wörtliche Wiedergabe einer Textstelle in einem anderen Text.
> Zitate müssen wörtlich übernommen werden.
> Das gesamte Zitat steht in **Anführungszeichen.**
> Beispiel für ein wörtliches Zitat:
> „Mut ist etwas Sonderbares." (Nürnberger, 2023, S. 7)

1 Wörtliche Zitate kennzeichnet man durch Anführungszeichen.

 a Lies die Sätze.

   1 Christian Nürnberger schreibt: „Also gibt es eigentlich gar keine mutigen Menschen, denn wer keine Angst hat, braucht keinen Mut."

   2 Er ergänzt: „Und wer ihn bräuchte, hat ihn nicht. Dieser Meinung scheinen die meisten Feiglinge anzuhängen […]."

b Markiere die Anführungszeichen.

c Unterstreiche die Zitate.

> Wird **nur ein Teil zitiert,** kennzeichnet man die **Auslassungen** durch **eckige Klammern** mit **drei Punkten** […].
> Beispiel:
> „Mut ist wohl keine Sache des Willens und des bewussten Entschlusses […]."
> (Nürnberger, 2023, S. 9)

2 Bei teilweise wörtlichen Zitaten muss man Auslassungen kennzeichnen.

 a Lies die Sätze.

   1 Christian Nürnberger will mit seinem Buch zeigen, „[…] wie aus einem ersten kleinen mutigen Schritt der Mut wächst […] und mit diesem der Mut zum dritten und allen weiteren Schritten". (Nürnberger, 2023, S. 12)

   2 Er glaubt, „[…] die Menschheit scheint eben aus zwei Gruppen zu bestehen: einer Minderheit, die keine Angst kennt […], und einer Mehrheit, die […] feige ist." (Nürnberger, 2023, S. 9)

b Markiere die Anführungszeichen.

c Unterstreiche in den Sätzen das Zitat.

d Markiere die Auslassungen in den Zitaten mit einer anderen Farbe.

> Wenn man aus einem Text zitiert, muss man die **Quelle** nennen.
> Die **Quellenangabe für ein Buch** enthält folgende Bestandteile:
> Name, Vorname: Titel. Ort: Verlag, Jahr, Seite(n).
> Beispiel:
> Nürnberger, Christian: Mutige Menschen – für Frieden, Freiheit und Menschenrechte.
> Stuttgart: Gabriel Verlag, 2023, S. 28.
> Zwischen den einzelnen Bestandteilen einer Quellenangabe stehen **Doppelpunkte**
> und **Kommas.** Am Ende setzt man einen **Punkt.**

3 Schreibe die Bestandteile der Quellenangabe auf die Linien.

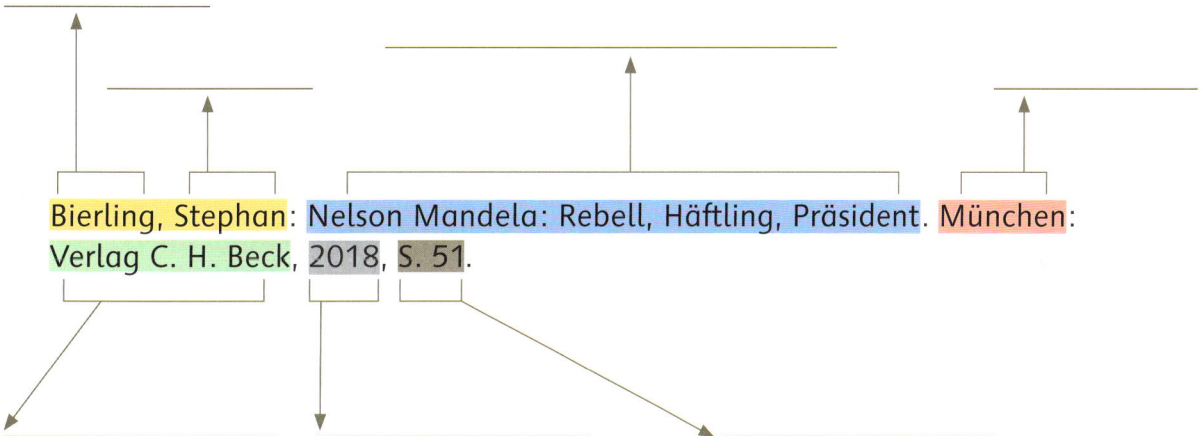

Bierling, Stephan: Nelson Mandela: Rebell, Häftling, Präsident. München: Verlag C. H. Beck, 2018, S. 51.

4 Ergänze die Satzzeichen in der Quellenangabe. Der Merkkasten hilft dir.

Kühne, Ulrich ___ Mutige Menschen – Frauen und Männer mit Zivilcourage ___

München ___ Elisabeth Sandmann Verlag ___ 2011 ___ S. 46 ___

5 In einem Quellenverzeichnis ordnet man die Namen der Autorinnen und Autoren nach dem Alphabet.

a Lies die Quellenangaben.

Nürnberger, Christian: Mutige Menschen – für Frieden, Freiheit und Menschenrechte. Stuttgart: Gabriel Verlag, 2023, S. 28.

Bierling, Stephan: Nelson Mandela: Rebell, Häftling, Präsident. München: Verlag C. H. Beck, 2018, S. 51.

Hamann, Brigitte: Bertha von Suttner – Kämpferin für den Frieden. München, Zürich: Piper Verlag, 2015, S. 13.

Eberling, Matthias: Mahatma Gandhi – Leben, Werk, Wirkung. Frankfurt am Main: Suhrkamp Verlag, 2006, S. 80.

b Schreibe die Quellenangaben in der richtigen Reihenfolge in dein Heft.
Achte auf die Nachnamen.

Satz- und Textgestaltung

Mittel der Satzverknüpfung

> Mit **Mitteln der Satzverknüpfung** kann man Sätze in einem Text verbinden. Texte
> werden dadurch verständlicher. Inhaltliche Zusammenhänge im Text entstehen zum
> Beispiel durch die **Satzgliedstellung:**
> Wichtige Inhalte kann man an den **Anfang eines Satzes** stellen, um etwas
> hervorzuheben oder an Bekanntes anzuknüpfen.
> Beispiele:
> Mahatma Gandhi (Subjekt) wurde 1869 geboren.
> Erst im Jahr 1947 (adverbiale Bestimmung) wurde Indien unabhängig.
> Gewalt (Objekt) setzte Gandhi in seinem Kampf nicht ein.

1 Untersuche Mittel der Satzverknüpfung.

 a Lies die Sätze.

1 Bertha von Suttner wurde 1843 geboren. Ihr Roman **Die Waffen nieder!** erregte
2 großes Aufsehen. Krieg lehnte Bertha von Suttner ab. Im Jahr 1905 erhielt sie den
3 Friedensnobelpreis. In Österreich ist auf die 2-Euro-Münze ihr Gesicht geprägt.

b Unterstreiche die Satzglieder am Satzanfang.

c Ordne die Mittel der Satzverknüpfung in die Tabelle ein.

Subjekt	adverbiale Bestimmung	Objekt
_____	_____	_____
_____	_____	
_____		

2 Bilde Sätze.
Stelle das in Klammern angegebene Satzglied an den Anfang.
Schreibe die Sätze auf die Linien.

1 ein bekanntes Buch / Bertha von Suttner / schrieb (Subjekt)

_____

2 sie / den Roman **Die Waffen nieder!** / veröffentlichte / im Jahr 1889 (Objekt)

_____

_____

Inhaltliche Zusammenhänge entstehen auch durch **sprachliche Mittel,** zum Beispiel:
- **Pronomen:** er, sie, ihre,
- **Adverbien:** dann, deshalb, dort, nämlich,
- **Konjunktionen, Relativpronomen, Fragewörter:** und, aber, dass, weil;
  der/die/das/welcher; wie, wer, warum,
- **Wörter mit ähnlicher Bedeutung:** Bertha von Suttner – die Autorin – die
  Kriegsgegnerin.

3 Erkenne inhaltliche Zusammenhänge.

 **a** Lies die Sätze.

1 Bertha von Suttner wurde im Jahr 1843 geboren.
Ihre Eltern lebten damals in der Stadt Prag.

Adverb

2 Berthas Vater starb kurz vor ihrer Geburt.
Er war ein Graf und General.

3 Bertha erhielt eine gute Bildung. Das Mädchen lernte mehrere Sprachen.

4 1873 zog Bertha nach Wien. Dort arbeitete sie als Erzieherin.

5 In Wien verliebte sie sich in Arthur, der sieben Jahre jünger war als sie.

6 1889 erschien ihr Roman **Die Waffen nieder!.** Darin kritisiert sie den Krieg.

7 Dieses Buch gegen den Krieg, das in 12 Sprachen übersetzt wurde,
war ihr größter Erfolg.

b Worauf beziehen sich die unterstrichenen sprachlichen Mittel?
Markiere die Bezugswörter im ersten Satz oder Teilsatz.

c Um welche sprachlichen Mittel handelt es sich?
Schreibe auf die Linien unter den Sätzen.

Stilistische Mittel

Um Texte wirkungsvoller zu gestalten, kann man zum Beispiel folgende **stilistische Mittel** verwenden:
- **Metapher:** Ein Ausdruck wird von einem Bereich in einen anderen übertragen.
  Beispiele: ein Wüstenschiff (= ein Kamel), eine Nuss-Schale (= ein kleines Boot)
- **Personifizierung:** Gegenstände oder Dinge aus der Natur tun Sachen, die sonst nur Menschen tun.
  Beispiel: Der Himmel weint.

1 Kläre die Bedeutung von **Metaphern.**

a Markiere in den Sätzen links die Metaphern.

1 Das Auto fährt im Schneckentempo.		**A** aussichtslos
2 Der Junge ist eine Bohnenstange.		**B** veraltet
3 Das ist doch Schnee von gestern!		**C** sehr langsam
4 Jemand sucht die Nadel im Heuhaufen.		**D** groß und sehr dünn

b Verbinde die Metaphern mit der richtigen Bedeutung.

2 Verstehe **Personifizierungen.**

a Ordne die Redewendungen aus dem Wortkasten den Bildern zu.

Das Wetter spielt verrückt. / Der Tag verabschiedet sich.

b Was tut die Natur nach dem Winter? Schreibe eine zum Bild passende Personifizierung.

- **Redewendung:** Eine feste sprachliche Wendung drückt etwas anschaulich aus.
  Beispiele: sich den Kopf zerbrechen (= angestrengt über etwas nachdenken)
- **Sprichwort:** Allgemein bekannte, kurze Sätze geben Erfahrungen und
  Beobachtungen anschaulich wieder.
  Beispiel: Es ist noch kein Meister vom Himmel gefallen. (= Es braucht Zeit, bis man
  etwas richtig gelernt hat.)
- **Ellipse:** In einem Satz werden Wörter oder Satzteile weggelassen, man versteht
  den Sinn aber trotzdem.
  Beispiel: Guten Abend! (statt: Ich wünsche dir/Ihnen einen guten Abend.)

3 Formuliere und verstehe **Redewendungen.**

a Verbinde jeweils die Wortgruppen und Wörter zu einer Redewendung.

1 nur Bahnhof		**A** gehen
2 jemandem auf den Keks		**B** pfeifen
3 sich den Schuh nicht		**C** verstehen
4 auf dem letzten Loch		**D** anziehen

b Schreibe die Redewendungen in dein Heft.
Lasse unter jeder Redewendung eine Zeile frei.

c Schreibe unter die Redewendungen die passenden Bedeutungen aus dem Wortkasten.

> völlig erschöpft sein / jemanden nerven / gar nichts verstehen /
> mit etwas nichts zu tun haben wollen

4 Ergänze die Satzteile zu einem **Sprichwort.**

> Schweigen ist Gold / sind drei / kurze Beine

1 _Lügen haben_   .

2 _Reden ist Silber,_   .

3 _Aller guten Dinge_   .

5 Formuliere die markierten Ellipsen als vollständige Sätze. Schreibe in dein Heft.

Paul: Guten Morgen!

Karim: Wer da?

Paul: Paul Fieger hier. Bis wann müssen wir die Aufgaben in Deutsch abgeben?

Karim: Je früher, desto besser.

Mittel der Verdichtung und Auflockerung

Um schwierige Sachverhalte kurz darzustellen, kann man den **Nominalstil** nutzen.
Dabei werden **Verben nominalisiert** oder **Ableitungen auf -ung** verwendet.

Verbalstil	**Nominalstil**
Das Problem ist, dass nicht ausgebildete Personen <u>beschäftigt werden</u>.	Das Problem ist <u>die Beschäftigung</u> nicht ausgebildeter Personen.

1 Vergleiche **Verbalstil** und **Nominalstil.**

a Markiere in der rechten Spalte die Nominalisierungen.

b Ordne den Sätzen im Verbalstil passende Formulierungen im Nominalstil zu.

Verbalstil		**Nominalstil**
1 Mandela kämpfte dagegen, dass die Menschen nach ihrer Hautfarbe in verschiedene Gruppen eingeteilt wurden.		**A** Seine Forderung war das gleiche Recht auf Bildung für alle Menschen.
2 Er forderte, dass alle Menschen das gleiche Recht auf Bildung haben sollten.		**B** Mandelas Kampf galt der Einteilung von Menschen in Gruppen nach ihrer Hautfarbe.

Den **Nominalstil** verwendet man zum Beispiel, wenn man für einen **Vortrag** Sätze in **Stichpunkte** umwandelt.

Verbalstil	**Stichpunkte im Nominalstil**
Nelson Mandela <u>wurde</u> 1918 in Südafrika <u>geboren</u>.	– 1918 <u>Geburt</u> Nelson Mandelas in Südafrika

2 Formuliere Stichpunkte.

a Bilde aus dem markierten Verb ein Nomen.

b Ergänze die Stichpunkte im Nominalstil.

1 1888 begann er sein Jurastudium in London.

– *des Jurastudiums*

2 Mandela kämpfte als Anwalt für die Schwachen.

– *als Anwalt*

3 Er organisierte Streiks und Demonstrationen.

– *von Streiks*

Grammatische Proben

1 Wende die Artikelprobe an, um Nomen und Verben zu unterscheiden.

a Probiere, ob du vor den unterstrichenen Wörtern einen Artikel einfügen kannst.

b Schreibe die Sätze in richtiger Groß- und Kleinschreibung auf die Linien.

1 Peter s/Singt im Chor. Mit s/Singen verdient Peter sein Geld.

Peter singt im Chor. Mit Singen verdient Peter sein Geld.

2 Kim mag t/Tanzen. In ihrer Klasse t/Tanzen alle.

3 Sie wollen nicht f/Fliegen, denn f/Fliegen ist teuer.

2 Wende die **Umstellprobe** an, um Satzglieder zu ermitteln.

a Stelle die folgenden Sätze einmal um.

b Markiere die Satzglieder in verschiedenen Farben.

c Schreibe in die Kästchen hinter den Sätzen die Anzahl der Satzglieder.

1 Die erste Pyramide baute man 2650 vor Christus in Ägypten.   5

2 Das erste Haus entstand vor 500 000 Jahren in Japan.   ☐

3 Früher lebten Menschen in Höhlen oder Zelten.   ☐

3 Wende die **Frageprobe** an, um den Fall der unterstrichenen Objekte zu bestimmen.

1 Sie vertraut der Wettervorhersage.

Wem vertraut sie? (Dativ)

2 Abdul hat das Fahrrad repariert.

3 Lena hat mir Bescheid gesagt.

4 Sie informiert auch ihren Bruder.

Wortbildung

Zusammensetzungen

Zusammensetzungen bestehen aus **Bestimmungswort** und **Grundwort**.
Beispiele:
frei	+ die Zeit	→	die Freizeit
das Grauen	+ voll	→	grauenvoll
trinken	+ das Glas	→	das Trinkglas

1 Bilde Zusammensetzungen mit den vorgegebenen Wörtern.

a Verwende das vorgegebene Wort als Grundwort oder als Bestimmungswort.

das Eis / der Staub / die Blume

1 trocken: *das Trockeneis,*

der Bär / die Schokolade / dunkel

2 braun:

b Markiere das Grundwort mit einer Farbe und das Bestimmungswort mit einer anderen Farbe.

Manchmal muss eines der **Fugenelemente** wie -e-, -(e)s-, -(e)n- oder -er- die beiden Wörter verbinden.
Beispiel: das Huhn + die Leiter → die Hühn**er**leiter

2 Zerlege die Zusammensetzungen in ihre Bestandteile.

KINDERGARTEN / MENSCHENRECHT / RABENSCHWARZ / GESCHÄFTSTÜCHTIG

a Markiere jeweils das Fugenelement.

b Schreibe die Bestandteile und die Zusammensetzung in der richtigen Großschreibung und Kleinschreibung auf.

das Kind + der Garten → der Kindergarten,

Ableitungen

> **Ableitungen** bildet man mit **Präfixen** (Vorsilben) oder **Suffixen** (Nachsilben).
> Beispiele für Präfixe: ent-, ver-, be-, un-
> Beispiele für Suffixe: -heit, -keit, -ung, -haft, -schaft, -sam, -in, -er, -nis

1 Nutze die Präfixe (Vorsilben) aus dem Merkkasten und bilde neue Wörter.

1 laufen: *entlaufen,* _____

2 sorgen: _____

2 Unterstreiche die **Suffixe** (Nachsilben) in den Wörtern.

> die Zeug<u>in</u> / bildhaft / die Schönheit / langsam / die Ordnung / einsam / die Schützin /
> die Sauberkeit / die Klugheit / die Botschaft

3 Nutze die Suffixe (Nachsilben) aus dem Merkkasten und leite aus den folgenden Wörtern Nomen ab. Schreibe die Nomen mit ihren Artikeln in dein Heft.

> meinen / ordnen / möglich / erleben / untersuchen / dumm / verwandt / gewöhnen

> **Ableitungen** entstehen auch durch Änderung des Wortstamms.
> Beispiele: der K<u>a</u>mm → k<u>ä</u>mmen, fl<u>ie</u>gen → der Fl<u>u</u>g, b<u>i</u>nden → das B<u>a</u>nd

4 Bilde mit den vorgegebenen Wörtern, Präfixen und Suffixen mindestens zwölf Wörter. Schreibe sie in dein Heft.

ver- un- miss-	die Lust	stören
her- weg- um-	der Freund	schreiben
	der Mut	brechen
aus- zer- vor-	der Mensch	bringen
	die Zahl	erben
ent- be-	der Rat	zaubern

Suffixe: -ung -ig -schaft -heit -lich -haft -sam

5 Verbinde die verwandten Wörter durch Linien.

lästig   bauen   finden   schäumen   singen   fahren   gläubig

der Schaum   der Gesang   die Fähre   der Glaube   die Last   der Fund   das Gebäude

Wortbedeutung

Synonyme und Antonyme

> **Synonyme** sind verschiedene Wörter, die eine **ähnliche oder die gleiche Bedeutung** haben. Mit Synonymen kann man Dinge genauer benennen und Wiederholungen vermeiden.
> Beispiele: das Bild – die Fotografie – das Porträt – die Zeichnung

1 Schreibe die Wörter mit der gleichen Bedeutung in die passende Spalte.

> das Schloss / heiter / transportieren / freudig / das Essen / befördern / glücklich / die Lebensmittel / die Wohnung / das Futter / schleppen / das Gebäude

die Nahrung	tragen	das Haus	fröhlich
_____	_____	_____	_____
_____	_____	_____	_____
_____	_____	_____	_____

> **Antonyme** sind Gegensatzwörter. Diese Wörter bilden einen Gegensatz zu einem anderen Wort.
> Beispiel: laut – leise

2 Verbinde die Gegensatzpaare durch Linien.

1 Geduld		A unter
2 frech		B Ungeduld
3 auf		C langsam
4 schnell		D lieb

3 Antonym oder Synonym?
Markiere die Antonympaare mit einer Farbe und die Synonympaare mit einer anderen Farbe.

alt – jung   der Schuh – der Stiefel   vor – hinter   an – aus

lachen – kichern   dick – dünn   mutig – tapfer   klein – winzig

Homonyme

> **Homonyme (gleichnamige Wörter)** werden (fast) gleich geschrieben und ausgesprochen. Sie haben aber eine unterschiedliche Bedeutung.
> Beispiel: das Band (schmaler Streifen) – der Band (Buchband)
> Homonyme können zu unterschiedlichen Wortarten gehören.
> Beispiel: der Morgen – morgen

1 Erkenne Homonyme.

a Verbinde die Wörter in der Mitte mit ihren unterschiedlichen Bedeutungen.

ein Instrument	**Ball**	eine Frau
ein Brettspiel	**Erde**	Körperteil eines Tieres
Gartenerde	**Dame**	ein Sportgerät
ein Fest	**Flügel**	die Welt

b Schreibe die Wörter und ihre Bedeutungen auf die Linien.

der Ball: ein Fest – ein Sportgerät, _____

_____

_____

_____

2 Setze die Homonyme aus dem Wortkasten richtig in die Lücken ein.

> Bund / bunt / Saite / Seite / Boote / Bote

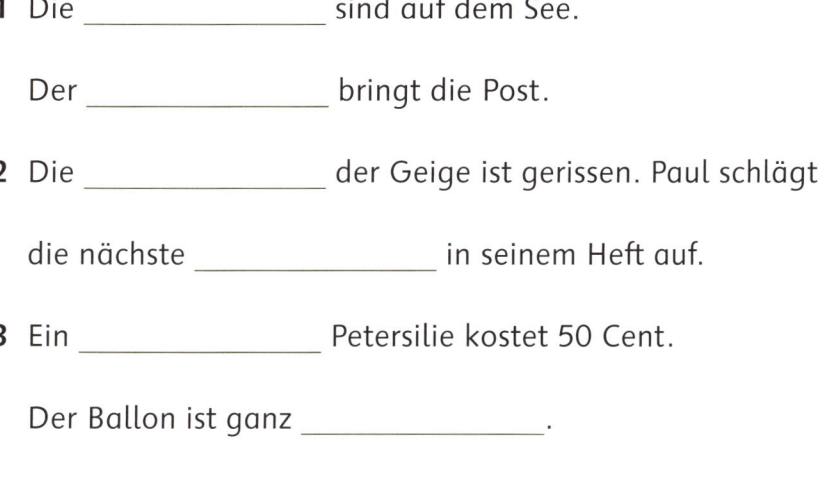

1 Die _____ sind auf dem See.

Der _____ bringt die Post.

2 Die _____ der Geige ist gerissen. Paul schlägt

die nächste _____ in seinem Heft auf.

3 Ein _____ Petersilie kostet 50 Cent.

Der Ballon ist ganz _____.

Metaphern

> Eine **Metapher** ist ein Wort oder ein Ausdruck mit einer **übertragenen, bildhaften Bedeutung.**
> Beispiel: Die Frucht ist reif.   →   Die Zeit ist reif.
>   (ursprüngliche Bedeutung)   (übertragene Bedeutung)
> Durch Metaphern wird ein Text bildhaft und anschaulich.

1 Setze dich mit bildhafter Sprache auseinander.

 a Lies die bildhaften Ausdrücke.

> am Fuße des Berges / die Nadel im Heuhaufen suchen / den Nagel auf den Kopf treffen

 b Sieh dir die Bilder an.

c Ordne die Ausdrücke den Bildern zu. Male dazu die Bilderrahmen in den passenden Farben an.

_____   _____   _____

_____   _____   _____

d Schreibe die Bedeutungen der Ausdrücke unter die Bilder.

> eine schwierige Suche / unten am Berg / genau das Richtige sagen

2 Kläre die Bedeutung von Metaphern.

a Markiere in den Sätzen links die Metaphern.

1 Das Auto ist eine Rostlaube.	**A** eine gute Idee
2 Plötzlich hatte ich einen Geistesblitz.	**B** der Ursprung
3 Sie hat ihm das Herz gebrochen.	**C** alt und kaputt
4 Die Wiege der Menschheit ist in Afrika.	**D** Liebeskummer bereiten

 b Verbinde die Metaphern mit der richtigen Bedeutung.

3 Setze die Homonyme aus dem Wortkasten richtig in die Lücken ein.

a Ergänze die Redewendungen mit den Wörtern aus dem Wortkasten.

> Wasser / Schwarze / Zaunpfahl / Brille

1 mit dem _____ winken ☐

2 die Welt durch die rosarote _____ betrachten ☐

3 jemandem das _____ reichen können ☐

4 ins _____ treffen ☐

b Ordne den Redewendungen aus Aufgabe 3 a die passenden Bedeutungen A bis D zu. Schreibe dazu die Buchstaben in die Kästchen hinter den Redewendungen.

A die Welt schöner wahrnehmen, als sie ist

B das Richtige sagen oder tun

C einen Hinweis geben

D etwas genauso gut können wie jemand anderes

4 Finde Metaphern.

a Lies den Text.

1 Der Winter ist jetzt in Fahrt gekommen. Das nördliche Deutschland ist ein
2 Gefrierschrank geworden. Ein kalter Atemhauch weht über das Land. Der Frost hat
3 Flüsse und Seen in eisige Spiegel verwandelt. Es hat geschneit und über den Feldern
4 liegt eine geschlossene Schneedecke. Auch die Bäume tragen ein weißes Kleid.

b Markiere in jedem Satz eine Metapher.

c Formuliere den Text ohne Metaphern. Ergänze dazu den Lückentext.

> gefrieren lassen / Schnee / Schnee bedeckt / begonnen / sehr kalt / Wind

Der Winter hat jetzt _____. Im nördlichen Deutschland ist es

_____ geworden. Ein kalter _____ weht über das Land.

Der Frost hat Flüsse und Seen _____. Es hat geschneit und

die Felder sind komplett von _____. Auch auf den Bäumen

liegt _____.

Sprache im Wandel

Sprachvarianten

Welche Sprache man verwendet, hängt von der Situation ab, in der gesprochen wird.
Wir sprechen von **Sprachvarianten.** Dazu zählen:
1. Umgangssprache — wird vorwiegend mündlich und im Alltag verwendet
2. Standardsprache — wird deutschlandweit verstanden, hat einheitliche Regeln
3. Jugendsprache — enthält besondere Ausdrucksweisen von Jugendlichen
4. Fachsprache — enthält Wörter aus einem speziellen Bereich wie Kochen
5. Dialekt (Mundart) — enthält Wörter, die man nur in bestimmten Regionen kennt

1 Um welche Sprachvariante handelt es sich? Schreibe auf.

1 Ein Wiener Schnitzel besteht aus paniertem Kalbfleisch. _Fachsprache_

2 Ich möchte Sie auf eine Besonderheit hinweisen. _____

3 Rutsch mal, du quetschst mich voll ein. _____

4 Da driebn is ooch noch was Scheenes. _____

5 Hey Alter, krasse Frisur! _____

2 In unterschiedlichen Situationen verwendest du unterschiedliche Sprachvarianten.

a Welche Sprachvariante ist in der Situation die passende? Schreibe auf.

1 Du hältst ein Referat im Chemie-Unterricht. _Fachsprache_

2 Du unterhältst dich mit deiner Oma. _____

3 Du stellst dich in deinem Praktikumsbetrieb vor. _____

4 Du quatschst mit Freunden auf dem Schulhof. _____

5 Du lässt dich in einem Mode-Geschäft beraten. _____

6 Du erzählst deinem Onkel von deiner Klassenfahrt. _____

7 Du informierst dich bei einer Berufsberaterin. _____

8 Du bestellst in einem Lokal etwas zu essen. _____

 b Erkläre einer Partnerin oder einem Partner deine Zuordnungen.

Zur Entwicklung der deutschen Gegenwartssprache

> Sprache ist ein lebendiges System, das sich verändert. Wörter, die nicht mehr gebraucht werden, verschwinden.
> Beispiele: das Telegramm, die Telefonzelle
> Neue Wörter kommen als **Übernahmen aus anderen Sprachen** dazu.
> Beispiel: der Download, das Timing
> Übernahmen aus der englischen Sprache nennt man **Anglizismen.**

1 Suche im Wortkasten die deutsche Entsprechung für die folgenden Wörter. Schreibe sie auf die Zeilen.

> der Unterricht zu Hause / das Einkaufen / das Spielen am Computer

1 das Gaming: _____

2 das Homeschooling: _____

3 das Shopping: _____

2 Manchmal werden auch deutsche Wörter in andere Sprachen übernommen.

a Lies den folgenden Text.

₁ Wenn die Menschen in Litauen hungrig sind, schmieren sie sich ein buterbrodas.
₂ Manche holen sich auch ein Stück tortas oder eine leckere wafliai. Wenn
₃ Norwegerinnen und Norweger ihre Arbeit unterbrechen, machen sie eine kaffepaussi.
₄ Und wenn sie etwas vergeblich tun, tun sie es omsonst.

b Unterstreiche die Wörter im Text, die aus der deutschen Sprache in andere Sprachen übernommen wurden.

c Schreibe die unterstrichenen Wörter in die linke Spalte der Tabelle. Schreibe das entsprechende deutsche Wort in die rechte Spalte.

übernommenes Wort	deutsches Wort
buterbrodas	*das Butterbrot*

1 Bilde **Nominalisierungen** und ergänze die Sätze.

1 Korallen sind etwas ganz _____. (besonders)

2 Ein _____ der Korallen ist zu beobachten. (ausbleichen)

3 Schuld daran ist das _____ der Wasser-Temperatur. (ansteigen)

4 Das _____ ist der hohe Säure-Grad des Wassers. (schädlich)

2 Markiere in den Sätzen das <mark>Prädikat</mark> und das <mark>Subjekt</mark> mit unterschiedlichen Farben.

1 Korallen ernähren sich von Algen.

2 Die Korallen können große Riffe bilden.

3 Zwischen den Korallen-Riffen leben viele Pflanzen und Tiere.

4 Die Riffe werden durch die Veränderung des Klimas geschädigt.

Tipp
Prädikate können auch zweiteilig sein.

3 Markiere in den Sätzen die **Adverbialbestimmung des Ortes**, die **Adverbialbestimmung der Zeit** und die **Adverbialbestimmung der Art und Weise** mit unterschiedlichen Farben.

1 Korallen leben seit über 400 Millionen Jahren im Wasser.

2 Seit etwa 40 Jahren werden auf der Erde Korallen-Riffe zerstört.

3 Häufig geschieht die Zerstörung der Riffe unabsichtlich.

4 Heute setzen sich viele Menschen aktiv für den Schutz der Riffe ein.

4 Überlege, wo in den folgenden Satzreihen ein Komma stehen muss.

a Unterstreiche in den Sätzen die Konjunktionen oder Adverbien. `Achtung, Fehler!`

1 Unsere Meere brauchen Schutz aber noch immer geschieht viel zu wenig.

2 Die Verschmutzung nimmt weiter zu deshalb bleibt uns nicht viel Zeit.

3 Ein Problem ist der Plastikmüll denn Plastik beschädigt die Korallen-Riffe.

4 Viele Organisationen bemühen sich um den Erhalt der Riffe allerdings ist es für manche Korallen schon zu spät.

b Ergänze das Komma zwischen zwei Teilsätzen.

5 Erkenne den Hauptsatz und den Nebensatz im Satzgefüge.

a Markiere die **Einleitewörter** der Nebensätze.

Achtung, Fehler!

b Ergänze die Kommas zwischen den Hauptsätzen und Nebensätzen.

1 Korallen sind wichtig weil sie Lebensräume für viele Pflanzen und Tiere sind.

2 Korallen-Riffe schützen die Küsten indem sie die Wellen weit vor dem Ufer brechen.

3 Warum Korallen besonders geschützt werden müssen verstehen viele Menschen nicht.

6 Verknüpfe die Sätze durch Konjunktionen miteinander.

1 Korallen sind Tiere. Sie sehen wie Pflanzen aus. (obwohl)

2 Viele Menschen tun etwas für die Korallen. Die Riffe bleiben erhalten. (damit)

3 Korallen soll man nicht berühren. Sie können dadurch zerstört werden. (weil)

7 Zerlege die Zusammensetzungen in ihre Bestandteile.

a Markiere jeweils das Fugenelement.

b Schreibe die Bestandteile und die Zusammensetzung in der richtigen Groß- und Kleinschreibung auf. Denke an die Artikel.

MEERESVERSCHMUTZUNG / ARTENSTERBEN / KORALLENRIFF

Fehlerschwerpunkte erkennen – Fehler korrigieren

Mit Rechtschreibprogrammen arbeiten

> **Rechtschreibprogramme** sind eine nützliche Hilfe, um **Rechtschreibfehler** in Computertexten zu finden und zu korrigieren. Die Programme kennzeichnen Fehler durch Unterstreichungen, zum Beispiel mit roten Wellenlinien. Wenn man das unterstrichene Wort anklickt, werden andere mögliche Schreibweisen angeboten. Beispiele: shcwimmen (richtig geschrieben: schwimmen), Sraßenbahn (richtig geschrieben: Straßenbahn)

1 Ein Rechtschreibprogramm kennzeichnet Fehler durch rote Wellenlinien.

a Lies die Sätze.

Achtung, Fehler!

  1 Das Produtk, das ich heute gekauft habe, ist beshädigt.

  2 Das war beim Kuaf nicht erkenbar.

  3 Man solte die Ware vor dem Kaufen gut prüfne.

b Benenne die Fehler aus Aufgabe 1 a.
Schreibe die Sätze richtig in dein Heft.

c Schreibe die Sätze mit dem Computer ab und prüfe, ob du sie richtig korrigiert hast.

2 Oft werden Wörter mit **ss** und **ß** falsch geschrieben.

a Lies die Sätze.

Achtung, Fehler!

  1 Ich will einen guten Schulabschluß erreichen.

  2 Ich bin absolut verläßlich.

  3 In der Adreße ist der Name der Strasse falsch geschrieben.

  4 Mein Abschlußzeugnis muß ich leider nachreichen.

  5 Abschliessend bedanke ich mich für Ihre Mühe.

  6 Mit freundlichen Grüssen

Tipp
Nach einem
kurzen Vokal
schreibst du **ss**.
Nach einem
langen Vokal
schreibst du **ß**.

b Berichtige die Fehlerwörter und schreibe sie auf.

Mit Wörterbüchern arbeiten

> In Wörterbüchern kann man **Rechtschreibregeln** finden. Wenn man eine Regel kennt, kann man viele Wörter richtig schreiben.
> Beispiel: Die Höflichkeitsanrede **Sie** und das dazugehörige Possessivpronomen **Ihr** werden immer großgeschrieben.

1 Wende die Regel zur Schreibung von **das** und **dass** an.

a Schlage in einem Wörterbuch nach und ergänze die Regel.

> das / dass

das oder **dass**? Wenn sich das Wort durch **dies(es), jenes, welches** ersetzen lässt,

schreibt man _____ . Lässt sich das Wort nicht ersetzen, schreibt man _____ .

b Lies die Sätze.   Achtung, Fehler!

  1 Ich habe gehört, das vor der Schule ein Unfall passiert ist.

  2 Zuerst sah ich ein Fahrrad, dass mitten auf der Straße lag.

  3 Ein Auto, dass total kaputt war, musste abgeschleppt werden.

  4 Das so viele Leute herumstanden, behinderte den Krankentransport.

  5 Die Polizei veranlasste, das der Unfallort abgesperrt wurde.

  6 Bei dem Unglück, dass sich gestern ereignete, wurde niemand schwer verletzt.

c Markiere in den Sätzen **das** und **dass.**

d Schreibe die Sätze in dein Heft und berichtige die falsch geschriebenen Wörter.

2 Wende die Regel zur Schreibung der Höflichkeitsanrede **Sie** an.

a Lies die Sätze aus einer Bewerbung.

b Entscheide, ob du großschreiben oder kleinschreiben musst.

Sehr geehrte Damen und Herren, von _____ (ihrer/Ihrer) Mitarbeiterin erfuhr ich,

dass in _____ (ihrem/Ihrem) Unternehmen Auszubildende eingestellt werden.

Ich bewerbe mich bei _____ (ihnen/Ihnen) um einen Ausbildungsplatz.

Ich wäre _____ (ihnen/Ihnen) sehr dankbar, wenn _____ (sie/Sie) mich zu

einem Vorstellungsgespräch einladen würden. Vielen Dank im Voraus!

Groß- und Kleinschreibung

Nominalisierungen/Substantivierungen

Nomen/Substantive werden **großgeschrieben** und **dekliniert.** Man erkennt sie zum Beispiel an Begleitwörtern wie Artikeln, Adjektiven, Pronomen, Präpositionen oder Zahlwörtern.
Beispiele: **ein** Beruf, **der schöne** Strauß, **sein** Vater, **zu** Beginn, in **drei** Tagen
Im Deutschen kann man jedes Wort **nominalisieren,** also als Nomen/Substantiv gebrauchen. Dann wird es mit großem Anfangsbuchstaben geschrieben und dekliniert.
Beispiele: das Interessante, mit seinem lauten Schreien

1 Ergänze die folgenden Regeln zur Groß- und Kleinschreibung.

   1 Satzanfänge schreibt man _____.

   2 Eigennamen schreibt man _____.

   3 Nomen/Substantive schreibt man _____.

   4 Andere Wortarten, wie Verben und Adjektive, schreibt man _____.

   5 Werden Verben und Adjektive nominalisiert, dann schreibt man sie _____.

2 Erkenne die Nominalisierungen/Substantivierungen.

a Lies die Sätze.

   1 In meinem Alltag passiert selten etwas Besonderes.

   2 Im Großen und Ganzen sind meine Leistungen nicht schlecht.

   3 Das Schreiben von Texten fällt mir leicht.

   4 Auch das Rechnen stellt mich nicht vor große Probleme.

   5 Nach meinem Abschluss will ich etwas Interessantes machen.

   6 Ich möchte viel Neues erleben.

   7 Bei meinem Beruf soll das Arbeiten mit Menschen im Mittelpunkt stehen.

b Markiere in den Sätzen alle nominalisierten Adjektive grün und alle nominalisierten Verben rot.

c Schreibe die Adjektive und Verben in dein Heft, von denen die Nomen/Substantive abgeleitet sind.
etwas Besonderes → besonders, im Großen und ...

3 Übe die Großschreibung von Nominalisierungen/Substantivierungen.

 a Lies die Sätze.

Achtung, Fehler!

1 Beim spielen / Spielen der Gitarre vergisst er alles um sich herum.

2 Während der Bandproben gibt er sein bestes / Bestes.

3 Doch das auftreten / Auftreten vor vielen Menschen fällt ihm schwer.

4 Aber das schöne / Schöne ist, dass er heute sein Lampenfieber überwunden hat.

b Markiere in den Sätzen alle Begleitwörter von Nomen/Substantiven.

Tipp
Begleitwörter sind Artikel, Adjektive, Pronomen, Präpositionen und Zahlwörter.

c Entscheide, ob du groß- oder kleinschreiben musst. Streiche die falsche Schreibweise durch.

Achte besonders auf die **Groß- und Kleinschreibung** in diesen Bereichen:

Großschreibung	**Kleinschreibung**
nominalisierte/substantivierte Adjektive und **Verben** Beispiele: das Gute, beim Schreiben	**Superlative** Beispiel: am schnellsten
feste Wendungen Beispiel: im Allgemeinen, in Bezug auf	
geografische Eigennamen auf **-er** und **-isch** Beispiele: das Berliner Stadtzentrum, die Sächsische Schweiz	
Angabe von **Tageszeiten** Beispiel: heute Abend	Angabe von **Tageszeiten** Beispiel: abends

4 Setze die Teile der geografischen Eigennamen auf **-er** und **-isch** passend ein.

1 das _Leipziger_ _____ Gewandhaus (Leipzig)

Tipp
Denke an die Großschreibung der Eigennamen.

2 die _____ Schweiz (Sachsen)

3 der _____ Wald (Bayern)

4 der _____ Bär (Berlin)

5 die _____ Börde (Magdeburg)

5 Setze die Wörter und Wortgruppen aus dem Wortkasten passend ein.

> nichts Interessantes / im Dunkeln / heute Abend / im Großen und Ganzen

1 Die Ermittlerinnen und Ermittler sind sich _____

einig, dass sich in den Unterlagen _____ findet.

2 Sie tappen bei ihren Ermittlungen noch immer _____ .

3 Am besten wäre es, wenn der Fall _____ durch einen

Polizeieinsatz gelöst werden könnte.

6 Wende dein Wissen über die Groß- und Kleinschreibung an.

a Lies die folgenden Sätze.

> **Achtung, Fehler!**

1 nur <u>im</u> deutschen werden die nomen großgeschrieben.

2 im allgemeinen sind die regeln verständlich.

3 im wesentlichen ist bekannt, dass jede wortart nominalisiert werden kann.

4 für die deutschen ist es also nichts besonderes, nominalisierte adjektive oder verben großzuschreiben.

5 das nachschlagen im wörterbuch ist bei unsicherheiten aber zu empfehlen.

b Unterstreiche in den Sätzen alle Begleitwörter von Nomen.

c Schreibe die Sätze von Aufgabe 6 a in der richtigen Groß- und Kleinschreibung auf.

1 Nur im Deutschen _____

_____

_____

_____

_____

_____

_____

7 Welche Schreibweise der folgenden Wendungen ist richtig? Kreuze an.

☐ als Nächstes   ☐ als nächstes

☐ im allgemeinen   ☐ im Allgemeinen

☐ etwas Ähnliches   ☐ etwas ähnliches

☐ nichts Wichtiges   ☐ nichts wichtiges

☐ im übrigen   ☐ im Übrigen

☐ etwas zu ende bringen   ☐ etwas zu Ende bringen

☐ in Bezug auf   ☐ in bezug auf

☐ am besten   ☐ am Besten

☐ heute abend   ☐ heute Abend

Achtung, Fehler!

Tipp
Schlage im Wörterbuch
nach, wenn du unsicher bist.

8 Ein Rechtschreibprogramm hat im folgenden Text Fehler in der Groß- und Kleinschreibung durch rote Wellenlinien markiert.

a Lies die folgenden Sätze.

1 Es gab einen Mann, der den Eiffelturm verkaufte.
2 Victor Lustig war ein trickbetrüger, ihm gelang
3 dieses Kunststück.
4 Der Pariser Eiffelturm war 1925 schon etwas in die jahre
5 gekommen.
6 Rund alle sieben Jahre musste er neu angestrichen werden.
7 Das verursachte enorme kosten und ärgerte viele Pariser.
8 Victor Lustig bot einem Schrotthändler den Turm zum verkauf an.
9 Tatsächlich glaubte ihm der Händler. Er war überzeugt,
10 ein gutes Geschäft zu machen.
11 Nach der übergabe des geldes verschwand Victor Lustig.
12 Der Händler bemerkte den schwindel erst, als er zum
13 ministerium ging.
14 Ihm war die Sache so peinlich, dass er keine anzeige erstattete.

b Berichtige die Fehlerwörter und schreibe sie mit ihren Begleitwörtern auf.

ein Trickbetrüger, die J

Getrennt- und Zusammenschreibung

Getrennt- und Zusammenschreibung von Verben

Mit der **Betonungs-** und **Bedeutungsprobe** kannst du oft erkennen, ob ein Wort getrennt oder zusammengeschrieben wird.
– Liegt die **Betonung auf dem ersten Bestandteil,** dann wird zusammengeschrieben. Beispiele: hin̲aus̲lehnen, hin̲auf̲gehen
– Werden **beide Bestandteile betont,** wird getrennt geschrieben. Beispiele: miteinander reden, schnell laufen
– Bei Verbindungen mit **sein** wird immer getrennt geschrieben. Beispiel: da sein

1 Getrennt oder zusammen? Setze richtig ein.

1 die Strecke _ablaufen_____ (ab, laufen)

Tipp
Wende die Betonungsprobe an.

2 pünktlich _____ (da, sein)

3 rechtzeitig _____ (an, kommen)

4 gegen 19.30 Uhr _____ (zurück, sein)

5 noch etwas _____ (hinzu, fügen)

6 den Urlaub _____ (miteinander, planen)

Verbindungen aus **Verb + Verb** werden in der Regel getrennt geschrieben.
Beispiele: einkaufen gehen, singen lernen

2 Setze die Verbindungen aus Verb + Verb aus dem Wortkasten passend ein.

schwimmen gehen / arbeiten gehen / liegen bleiben / stecken lassen / hängen lassen

1 Mein Kollege ist krank und kann nicht _____.

2 Er muss im Bett _____.

3 Am Nachmittag will ich mit Freunden im Freibad _____.

4 Du kannst die Wäsche auf der Leine _____, bis sie trocken ist.

5 Hast du die Wohnungsschlüssel an der Tür _____?

> Verbindungen aus **Nomen/Substantiv + Verb** werden meist getrennt geschrieben.
> Beispiele: Auto fahren, Ski laufen
> Folgende **Ausnahmen** musst du dir merken:
> eislaufen, heimfahren, irreführen, leidtun, kopfrechnen, kopfstehen, preisgeben,
> stattfinden, teilnehmen.

 3 Getrennt oder zusammen? Setze die Verbindungen aus Nomen/Substantiv + Verb richtig ein.

1 Sie will heute nach der Schule mal wieder _____. (Rad, fahren)

2 Sie wollte ihr Erfolgsrezept nicht _____. (Preis, geben)

3 Ich muss heute noch _____. (Koffer, packen)

4 Seine Absage wird ihm sicherlich noch _____. (Leid, tun)

5 Mina möchte an der Meisterschaft _____. (Teil, nehmen)

6 Diese wird im Mai _____. (Statt, finden)

> Verbindungen aus **Adjektiv + Verb** werden meist getrennt geschrieben.
> Beispiele: laut sprechen, schnell laufen
> Nur wenn das Wort in einem Zusammenhang eine andere Bedeutung hat als
> ursprünglich (**übertragene Bedeutung**), muss man zusammenschreiben.
> Beispiele: schwerfallen (Mühe haben), festnehmen (verhaften)

4 Übertragene oder ursprüngliche Bedeutung? Entscheide, ob du getrennt oder zusammenschreiben musst. Streiche die falsche Schreibweise durch.

1 Wir lassen uns von der Bank den Betrag gut schreiben / gutschreiben.

2 Du musst deinen Lebenslauf aber gut schreiben / gutschreiben.

3 Die kleinen Taschen lassen sich leicht nehmen / leichtnehmen.

4 Man sollte die Aufgaben nicht zu leicht nehmen / leichtnehmen.

5 Bei Glatteis kann man ziemlich schwer fallen / schwerfallen.

6 Die Prüfungsaufgaben werden ihm sicherlich schwer fallen / schwerfallen.

7 Nomen/Substantive muss man in Deutschland groß schreiben / großschreiben.

8 Diesen Buchstaben kannst du auf dem Plakat ganz groß schreiben / großschreiben.

9 Du solltest bei deinem Vortrag frei sprechen / freisprechen.

10 Das Gericht wird die Angeklagte frei sprechen / freisprechen.

Fremdwörter

Fremdwörter sind Wörter, die aus einer fremden Sprache übernommen wurden. Sie haben sich unserer Sprache noch nicht vollständig angepasst. Viele Wörter kommen aus den Sprachen **Griechisch** und **Lateinisch.** Man erkennt sie an typischen Wortbauteilen und besonderen Buchstaben-Kombinationen.
Beispiele: rhythmisch (griechisch), die Diskussion (lateinisch)

1 Ordne die Fremdwörter aus dem Wortkasten den Präfixen (Vorsilben) zu und trage sie passend in die Tabelle ein.

der Dialog / die Expedition / das Automobil / der Dialekt / automatisch /
das Autogramm / die Explosion / autoritär / der Diamant / diagonal / exemplarisch /
exzellent

auto-	dia-	ex-
das Automobil		

2 Welches Fremdwort aus Aufgabe 1 ist gemeint? Schreibe es auf.

1 eine Forschungsreise: *die Expedition*

2 ein Gespräch zwischen zwei oder mehr Personen: _____

3 eine Mundart: _____

4 hervorragend: _____

5 streng, herrisch: _____

6 schräg verlaufend: _____

7 ein kostbarer Edelstein: _____

8 beispielhaft: _____

3 Ordne die Fremdwörter aus dem Wortkasten den Suffixen (Nachsilben) zu und trage sie passend in die Tabelle ein.

> die Autorität / ~~die Musik~~ / positiv / die Physik / die Immunität / die Solidarität / negativ / die Statik / impulsiv / die Mathematik / aggressiv / die Universität

-ik	-ität	-iv
die Musik		

> Viele Fremdwörter werden heute aus dem **Englischen** übernommen. Diese nennt man **Anglizismen.** Manchmal sind englische Wörter kürzer und genauer als die deutschen Begriffe. Oder eine Übertragung ins Deutsche wäre sehr umständlich. Beispiele: Scanner, Stress, Pool

4 Welches englische Fremdwort aus dem Wortkasten ist gemeint? Schreibe es auf.

Tipp
Nutze ein Wörterbuch, wenn du die Bedeutung eines Wortes nicht kennst.

> der Clown / die Fairness / das Skateboard / der Breakdance / die Challenge / das Interview / das Meeting / der Flyer

1 ein Handzettel: *der Flyer*

2 ein Spaßmacher im Zirkus: _____

3 ein Treffen: _____

4 das anständige Verhalten: _____

5 ein Brett auf Rollen: _____

6 ein Wettbewerb: _____

7 die mündliche Befragung einer Person: _____

8 ein akrobatischer Tanz: _____

1 Wende die Regeln zur Schreibung von **das** und **dass** an.
Streiche die falsche Schreibung durch.

1 Wenn du das / dass tust, dann werde ich nicht mehr schweigen.

2 Hier kannst du zeigen, das / dass du die Schreibung von **das** und **dass** beherrschst.

3 Das / Dass Mädchen, das / dass gegenüber eingezogen ist, kenne ich.

4 Ich hoffe sehr, das / dass das / dass Fußballspiel ein Erfolg für uns wird.

2 Großschreibung oder Kleinschreibung?
Streiche das falsche Wort durch.

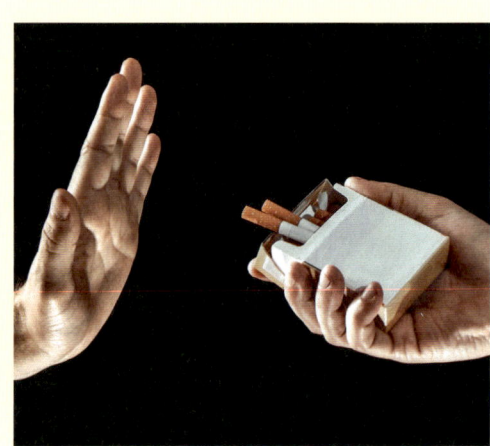

1 Für die Gesundheit ist es am besten / Besten,
mit dem rauchen / Rauchen aufzuhören.

2 Aber das aufhören / Aufhören fällt vielen
Leuten schwer.

3 Nach dem anstecken / Anstecken einer
Zigarette hat das verlangen / Verlangen nur
für kurze Zeit ein Ende.

4 Beim abgewöhnen / Abgewöhnen helfen
Nikotin-Kaugummis.

3 Getrennt oder zusammen? Setze richtig ein.

1 Mina darf jeden Tag _____. (Tennis, spielen)

2 Ich muss das Gesagte leider _____. (richtig, stellen)

3 Die Polizei wird den Einbrecher _____. (fest, nehmen)

4 Am Sonnabend wird ein Schulkonzert _____. (Statt, finden)

5 Es wird aus allen Klassen jemand _____. (Teil, nehmen)

6 Satzanfänge muss man immer _____. (groß, schreiben)

7 Im Winter möchte ich jeden Tag _____. (Ski, laufen)

8 Adnan geht lieber _____. (Eis, laufen)

4 Verbinde die Fremdwörter mit ihrer deutschen Entsprechung.

1 der Athlet	**A** eine einflussreiche Person
2 praktisch	**B** ein Sportler
3 automatisch	**C** unbeirrbar, fest entschlossen
4 konsequent	**D** zweckmäßig
5 die Autorität	**E** durch Zahlen belegt
6 statistisch	**F** von selbst erfolgend

5 Setze jeweils das passende Fremdwort aus dem Wortkasten in die Lücken ein.

> Athlet / praktisch / automatisch / konsequent / Autorität / statistisch

1 Die Autorin vertrat _____ ihre Meinung.

2 Der _____ erreichte eine hohe Punktzahl.

3 Mit ein bisschen Übung läuft die Bewegung ganz _____ ab.

4 Für die Radtour sollte deine Kleidung möglichst _____ sein.

5 Ein Lottogewinn ist _____ gesehen eher unwahrscheinlich.

6 In seinem Fachgebiet ist er eine _____.

6 Welche Schreibweise ist richtig? Kreuze an.

Achtung, Fehler!

Tipp
Überprüfe die Schreibweise mit einem Wörterbuch, wenn du unsicher bist.

☐ die Reperatur	☐ die Reparatur
☐ das Station	☐ das Stadion
☐ das Managemant	☐ das Management
☐ die Explosion	☐ die Explusion
☐ die Physik	☐ die Fysik
☐ das Mieting	☐ das Meeting
☐ negatief	☐ negativ
☐ korrigieren	☐ korigieren
☐ statistich	☐ statistisch
☐ das Heileit	☐ das Highlight
☐ der Background	☐ der Beckgraund

Infinitiv (Grundform)	Präsens (Gegenwart)	Präteritum (Vergangenheit)	Perfekt (zweite Vergangenheit)
bitten	du bittest	sie bat	sie hat gebeten
bleiben	du bleibst	er blieb	er ist geblieben
brechen	du brichst	sie brach	sie hat gebrochen
dürfen	du darfst	er durfte	er hat gedurft
essen	du isst	sie aß	sie hat gegessen
fahren	du fährst	er fuhr	er ist gefahren
fallen	du fällst	sie fiel	sie ist gefallen
fliehen	du fliehst	er floh	er ist geflohen
fließen	es fließt	es floss	es ist geflossen
gehen	du gehst	sie ging	sie ist gegangen
haben	du hast	er hatte	er hat gehabt
heißen	du heißt	sie hieß	sie hat geheißen
helfen	du hilfst	er half	er hat geholfen
kommen	du kommst	sie kam	sie ist gekommen
laufen	du läufst	er lief	er ist gelaufen
lesen	du liest	sie las	sie hat gelesen
mögen	du magst	er mochte	er hat gemocht
nehmen	du nimmst	sie nahm	sie hat genommen
rufen	du rufst	er rief	er hat gerufen
schlafen	du schläfst	sie schlief	sie hat geschlafen
sehen	du siehst	er sah	er hat gesehen
sein	du bist	sie war	sie ist gewesen
singen	du singst	er sang	er hat gesungen
sitzen	du sitzt	sie saß	sie hat gesessen
sprechen	du sprichst	er sprach	er hat gesprochen
stehen	du stehst	sie stand	sie hat gestanden
treffen	du triffst	er traf	er hat getroffen
tun	du tust	sie tat	sie hat getan
werden	du wirst	er wurde	er ist geworden
wissen	du weißt	sie wusste	sie hat gewusst

Muttersprache^{plus}

9 Arbeitsheft
für Lernende mit erhöhtem Förderbedarf
im inklusiven Unterricht

Lösungen

Seite 4

2

	richtig	falsch
Blutzellen speichern alle Informationen.		x
Das Gehirn kann Informationen filtern.	x	
Üben und Wiederholen hilft beim Abspeichern von Wissen.	x	
Gespeicherte Informationen gehen niemals verloren.		x

Seite 5

3 Ultrakurzzeit-Gedächtnis, Kurzzeit-Gedächtnis, Langzeit-Gedächtnis

4 ☒ Information
Der Text informiert die Lesenden über das menschliche Gedächtnis.

5 Hinweis: Das Subjekt ist fett gedruckt und das Prädikat ist markiert.
1 Das Gehirn verarbeitet Informationen.
2 Jeder Mensch hat ein Gedächtnis.
3 Unwichtige Informationen werden gelöscht.
4 Durch Üben präge **ich** mir Wissen besser ein.

6 **1** Akkusativobjekt
2 Dativobjekt
3 Akkusativobjekt

7 Adverbialbestimmung des Ortes: in verschiedenen Bereichen des Gedächtnisses,
im Ultrakurzzeit-Gedächtnis, im Kurzzeit-Gedächtnis, im Langzeit-Gedächtnis.
Adverbialbestimmung der Zeit: jederzeit, nur für zwei Sekunden, für etwa
20 Minuten, häufig, ein ganzes Leben lang, für immer

Seite 6

1 Auf der Suche nach Lösungen für Probleme tauschen sich Menschen in einer
Diskussion miteinander aus. Dabei spielen unterschiedliche Meinungen und
Standpunkte eine Rolle. Verschiedene Ansichten werden als Behauptungen
vorgetragen. Eine Behauptung wird durch Argumente (Begründungen und Beispiele)
unterstützt. Ein Argument kann sich auf bekannte Tatsachen, gemeinsame

Erlebnisse oder persönliche Erfahrungen beziehen. Am Ende einer Diskussion werden die Gedanken zusammengefasst und Schlussfolgerungen abgeleitet.

Seite 7

b Kinder ab 13 Jahren: einfache Arbeiten, zum Beispiel Einkaufen, Rasenmähen, Nachhilfe, Babysitten für zwei Stunden pro Tag
Jugendliche ab 15 Jahren: acht Stunden an fünf Tagen in der Woche in den Ferien, insgesamt aber nicht mehr als vier Wochen, am Wochenende nur in Ausnahmefällen

b

Argumente für einen Nebenjob	Argumente gegen einen Nebenjob
Geld für Kleidung, Handy ...	müde im Unterricht
Gelegenheit, beruflichen Alltag kennenzulernen	keine Zeit für Erholung
Schulnoten verschlechtern sich meistens nicht	wenig Zeit für Hausaufgaben

Seite 8

a Mögliche Lösung:
freundliche Ausstrahlung, gepflegtes Äußeres, passende Kleidung, hilfsbereites Auftreten, eigener Stil, besondere Merkmale wie Figur, Haar- oder Augenfarbe, Frisur ...

c ☒ Dick zu sein, galt früher als schön.
☒ Wenn Menschen perfekt aussehen wollen, können sie eine Ess-Störung bekommen.

d Mögliche Lösung:
Schönheitsideale verändern sich.
Man muss nicht perfekt aussehen.

Seite 9

a 1 → B / 2 → C / 3 → A

b ☒ Prägen soziale Medien unser Bild von Schönheit?

Seite 10

a 1 → C / 2 → A / 3 → B

b Meiner Meinung nach beeinflussen soziale Medien die Vorstellung von Schönheit. Influencer posten perfekte Fotos von sich in den sozialen Medien. Ein wichtiger Punkt ist, dass gerade Jugendliche viel Zeit im Internet verbringen und Influencern folgen.
So wird zum Beispiel der Wunsch, perfekt auszusehen, durch die perfekten Fotos der Influencer verstärkt.

5 ☒ Für die Zukunft wünsche ich mir, dass wir uns annehmen, wie wir sind.

Seite 11

b ☒ Es informiert über die Meinung von Erwachsenen zu deutschen Schulen.

	richtig	falsch
Mehr als die Hälfte der Erwachsenen geben den deutschen Schulen die Note 4 und schlechter.		x
44 Prozent der Erwachsenen geben den deutschen Schulen die Note 2 und besser.		x
Die Mehrheit der Erwachsenen gibt dem deutschen Schulsystem die Note 3 und besser.	x	
Weniger Erwachsene geben den deutschen Schulen die Note 1 als die Noten 5 oder 6.	x	

Seite 12

b–c Hinweis: Die Argumente für den Hausunterricht sind fett gedruckt, die Argumente gegen den Hausunterricht sind markiert.

Jonas geht nicht zur Schule. Seine Eltern, Freunde und Bekannte unterrichten ihn. Das nennt man Hausunterricht. Die Mutter von Jonas hat die Lehrpläne der Schulen studiert. **Der Unterricht zu Hause richtet sich nach den Bedürfnissen des Jungen.**

Es gibt unterschiedliche Gründe, warum Eltern ihre Kinder nicht in die Schule schicken. **Manche Kinder kommen mit dem Druck im Unterricht nicht klar. Andere finden keine Zeit mehr für Dinge, die sie wirklich interessieren. Der Stress und die Hektik in der Schule hemmen die Kinder in ihrer Entwicklung.**

Die Schul-Expertin Ilka Hoffmann hält Hausunterricht aber für problematisch. Sie kritisiert vor allem, dass den Kindern die Mitschülerinnen und Mitschüler fehlen. In der Schule wird gestritten. Man ärgert sich oft, aber man lacht auch zusammen. In der Schule lernen die Kinder, andere Meinungen zuzulassen. Die Schule ist auch ein Ort, an dem Kinder aus verschiedenen Kulturen zusammenkommen.

Ilka Hoffmann erklärt, dass es in Deutschland viele unterschiedliche Arten von Schulen gibt. Eltern können ihre Kinder zum Beispiel in eine Waldorf-Schule oder in eine Freie Schule schicken, statt sie zu Hause zu unterrichten.*

Aus: Tricarico, Tanja: Warum Eltern ihre Kinder nicht in die Schule schicken. Online im Internet: https://www.welt.de/wirtschaft/karriere/bildung/article147971707/Warum-Eltern-ihre-Kinder-nicht-in-die-Schule-schicken.html [09.10.2023] (gekürzt und verändert).

Seite 13

3

	richtig	falsch
Smartphones, Computer, E-Books sind Printmedien.		x
CDs gehören zu den Audiomedien.	x	
Man kann Medien für unterschiedliche Zwecke nutzen.	x	
Man kann nur mit Printmedien lernen.		x

Seite 14

1

1. Planung	2. Durchführung	3. Auswertung	4. Präsentation
Ziel festlegen	Fragen überlegen	Überblick über die Ergebnisse verschaffen	Ergebnisse vorstellen

2

a ☒ Alter
  ☒ Geschlecht (männlich, weiblich, divers)

Seite 15

1

b Hinweis: Ergänzungsfragen sind fett gedruckt und Entscheidungsfragen sind markiert.
  1 Hast du schon einmal einen Preis gewonnen?
  2 **Was war dein schönstes Erlebnis in den Ferien?**
  3 **Welche Pläne hast du für die Zukunft?**
  4 Wärst du gern älter?

2

b–c 1 Welche digitalen Geräte nutzt ihr in der Schule?
  2 Wofür nutzt ihr die digitalen Geräte in der Schule?
  3 ~~Wie findest du das Wetter heute?~~
  4 Hast du selbst ein digitales Gerät?
  5 Welche digitalen Geräte nutzt du in der Freizeit?
  6 ~~Wann hast du Geburtstag?~~
  7 Wofür nutzt du digitale Geräte in der Freizeit?
  8 Was bereitet dir Schwierigkeiten im Umgang mit digitalen Geräten?
  9 ~~Welches digitale Gerät wünschst du dir zu Weihnachten?~~
  10 Welches digitale Gerät nutzt du am häufigsten?
  11 Was muss ein gutes digitales Gerät deiner Meinung nach können?

Seite 16

a ☒ ein Diagramm

b ☒ Lufttemperatur

c 4 Säulendiagramm: Die Informationen sind als senkrechte Balken dargestellt.

Seite 17

d 1 in Deutschland
  2 von Juni 2022 bis Juni 2023
  3 im August 2022
  4 1,8 °C

e

	richtig	falsch
Die Temperaturen sind in der Einheit Kelvin angegeben.		x
Im August 2022 war die Durchschnittstemperatur am höchsten.	x	
Im März 2023 war die Durchschnittstemperatur am niedrigsten.		x
Die Durchschnittstemperatur im März 2023 lag bei 5,7 °C.	x	
Im Juni war es in beiden Jahren fast gleich warm.	x	
Im Januar 2023 war es kälter als im Februar 2023.		x

f **1** Die Temperaturen sanken am Jahresende und stiegen in der Jahresmitte.
 2 Die niedrigste Durchschnittstemperatur war im Dezember 2022.
 3 Die höchste Durchschnittstemperatur war im August 2022.
 4 Im Juni 2023 lag die Durchschnittstemperatur bei 18,5 °C.
 5 Damit waren die Temperaturen im Juni 2023 etwa so wie im Juni 2022.

Seite 18

b ☒ Das Wetter

c Text 1: 2; Text 2: 3

Seite 19

a–d	Text 1	Text 2
	1. Teilthema: Wo das Wetter entsteht	1. Teilthema: Unterschied von Wetter und Klima
	– Erde von einer Lufthülle umgeben	– **Sonne, Regen, Wind, Nebel oder Schnee**
	– (in) untersten Schicht entsteht das Wetter	– Wetter kann sich schnell ändern
	2. Teilthema: Erscheinungen des Wetters	– Klima, das sich langsam ändert
	– **Regen, Sonne, Wind, Schnee oder Nebel**	2. Teilthema: Wie das Wetter entsteht
	– Erscheinungen des Wetters kann man messen: Temperatur, Luftdruck, Windstärke	– Wetter entsteht durch das Zusammenwirken von Luft, Sonne und Wasser – (in) untersten Schicht der Lufthülle um unsere Erde
	– in den höheren Schichten sind diese Erscheinungen nur schwach	3. Teilthema: Beeinflussung des Wetters
		– mit chemischen Mitteln Regen zu erzeugen

e A → Text: 2
 B → Text: 1

Seite 20

a Der Titel des Textes lautet: „Folgen des Klimawandels".
Der Text wurde vom Umweltbundesamt geschrieben.
In dem Text geht es um den Klimawandel und seine Folgen.

b 1 Der Text hat ~~einen~~ / **zwei** / ~~drei~~ Abschnitte.
   2 Am Anfang des Textes heißt es, dass der Klimawandel die Welt **verändert** / ~~nicht beeinflusst~~.
   3 Die Feststellung wird ~~nicht mit Beispielen~~ / **mit Beispielen** belegt.
   4 Im zweiten Abschnitt erfährt man, ~~was Treibhausgase sind~~ / **dass der Mensch die Treibhausgase ausstößt.**
   5 Zum Schluss geht es um **langfristige und kurzfristige Klimaveränderungen** / ~~Klimaprojekte~~.

Seite 21

a ☒ ein Diagramm

b ☒ Beobachtungen von Ereignissen, für die der Klimawandel verantwortlich sein könnte

c 1 zu warme Temperaturen für den Winter
   2 schnelle Wetterumschwünge und Trockenheit
   3 stark schwankende und sich schnell verändernde Temperaturen

Seite 22

b Der Titel des Textes lautet: „Ursachen des Klimawandels".
In dem Text geht es um den Klimawandel und was er verursacht.

c 1 Der Text lässt sich in ~~einen~~ / **zwei** / ~~drei / keine~~ Abschnitte einteilen.
   2 Die Aussagen werden ~~nicht mit Beispielen~~ / **mit Beispielen** belegt.
   3 Man erfährt, dass **die Menschen für den Klimawandel verantwortlich sind** / ~~der Klimawandel außer Kontrolle gerät~~.

d Mögliche Lösung:
   – um die Klimaveränderung zu stoppen
   – um den Anstieg der Temperaturen zu senken

Seite 24

2 Lösungen von oben nach unten:
Name und Adresse der Absenderin, Adresse des Unternehmens, Ort und Datum, Betreff, Anrede, Grußformel, Unterschrift

❸ Bewerbungssatz: Ihre Anzeige vom 15. Januar hat mein Interesse geweckt. Ich bewerbe mich um den Ausbildungsplatz.

Vorstellung der Bewerberin: Ich helfe seit drei Jahren unserer Nachbarin im Haushalt und kaufe für sie ein. Außerdem bin ich in einem Volleyballverein aktiv. Ich bin teamfähig, zuverlässig und kommunikativ. Zurzeit besuche ich die 9. Klasse der Goethe-Oberschule in Leipzig, die ich im Sommer mit dem Hauptschulabschluss verlassen werde.

Grund für die Bewerbung: Erste Erfahrungen mit Patienten konnte ich während eines Praktikums bei einer Ärztin sammeln.

Bitte um ein persönliches Gespräch: Ich freue mich auf die Einladung zu einem Gespräch.

Seite 26

b um eine Bestätigung des Termins per E-Mail

❷ 1 Schuhe putzen und Fingernägel säubern
2 Beispielstraße 16 online suchen
3 die Abfahrtszeiten der Tram notieren
4 Bluse waschen und bügeln

Seite 28

a ☒ von einem Jungen auf einem Schiff, der durch einen Affen in eine gefährliche Situation gerät

b ☐3 Der Junge folgt dem Affen bis zur obersten Stange und stürzt fast ab.

☐5 Der Junge springt ins Wasser und wird gerettet.

☐6 Der Kapitän weint vor Glück, weil sein Sohn überlebt hat.

☐1 Ein Affe springt auf dem Deck eines Schiffs herum.

☐2 Der Affe reißt dem Jungen den Hut vom Kopf und klettert damit auf den Mast.

☐4 Der Kapitän zwingt seinen Sohn, ins Meer zu springen.

❸ 1 → B / 2 → D / 3 → A / 4 → C

❹ Er-Erzähler

❺ Der Kapitän sagte zu seinem Sohn: „Ich bin so erleichtert darüber, dass du lebst. Ich habe unter Deck vor Erleichterung geweint."

Seite 29

1 1 Name des Autors: Lew Tolstoi
2 Textsorte: Kurzgeschichte
3 Titel: Der Sprung
4 Thema: Gefahr für einen Jungen auf einem Schiff

2 Die Kurzgeschichte des russischen Autors Lew Tolstoi erschien unter dem Titel „Der Sprung". In der Kurzgeschichte geht es um einen Jungen auf einem Schiff, der von einem Affen geärgert wird und in Gefahr gerät.

Seite 30

3 1 → G / 2 → H / 3 → A / 4 → E / 5 → F / 6 → D / 7 → B / 8 → C

4

	richtig	falsch
Der Affe ist ein liebes Tier und lässt sich gerne streicheln.		x
Der Junge lässt sich von dem Affen ärgern und wird richtig wütend.	x	
Die Matrosen sind gelangweilt und interessieren sich nicht für den Affen.		x
Die Matrosen sind erschrocken, als der Junge auf die Stange klettert.	x	
Der Kapitän will seinen Sohn retten, als er ihm mit dem Gewehr droht.	x	
Am Ende lacht der Kapitän vor Freude darüber, dass sein Sohn überlebt hat.		x

Seite 31

a ☒ Das Segelboot ist alt und wirkt nicht sicher.
☒ Lucy hat vorher noch nie ein Segelboot gesteuert.
☒ Lucy schreit, Jan solle sofort zurückkommen.
☒ Lucy wird panisch und kann nicht klar denken.

Seite 32

c 1 Treffendes Verb: Ich schrie.
2 Anschauliches Adjektiv: immer panischer
3 Anschauliches Nomen: Fahrkünste
4 Wörtliche Rede: Er rief: „Lucy, ich schwimme zurück zum Hafen."
5 Frage: Was sollte ich nur tun?

3

a Jan vertraute mir das Ruder an und erklärte mir mit ruhigen Worten, wie man ein Segelboot sicher führt. Als wir eine Weile gesegelt waren, sprang Jan plötzlich aus dem Boot. Er rief mir zu: „Lucy, ich schwimme zurück zum Hafen. Mal sehen, wer zuerst dort ist." Ich bekam einen riesigen Schreck und schrie, so laut ich konnte, er solle sofort zurückkommen.

Seite 33

 3

b ☒ Ich fragte Jan: „Darf ich einmal das Ruder übernehmen?"
☒ Ich schrie: „Bist du wahnsinnig? Komm sofort zurück!"

 4

b ☐2 „Hey, Lucy. Beruhige dich! Ich komme jetzt zurück an Bord", rief Jan mir zu.

☐3 Jan erklärte: „Siehst du, es ist ganz einfach. Beim nächsten Mal schaffst du es auch, das Boot in den Hafen zu lenken."

☐4 „Du hast ein Talent fürs Segeln. Das war mir sofort klar, als du das Ruder übernommen hast. Ich gratuliere zur bestandenen Bewährungsprobe!", lobte Jan.

☐1 „Ich muss ruhig bleiben und mich ganz aufs Segeln konzentrieren", sagte ich zu mir selbst.

Seite 34

 1

b Eine Frau, die betet.

c Islam, Christentum, Judentum

d ☒ von den drei Religionen Judentum, Christentum und Islam
☒ von der Frage, welche Religion die beste ist
☒ vom Frieden zwischen Religionen

Seite 36

 4

a Nathan, Saladin

b ☒ Nathan gilt als besonders klug, Saladin möchte seinen Rat.

c ☒ in den Zeilen 1 bis 26

d ☒ Er gibt jedem einen Ring.

5 Der Vater hat alle Söhne gleich lieb.

6 ☒ die drei Religionen Judentum, Christentum und Islam.

7 ☒ Keine Religion ist besser als die andere.

Seite 37

2 ☒ Anklage eines Bauern, der Kritik an seinem Herrscher übt

Seite 38

3 ☒ ein Bauer

4 Das lyrische Ich ist wütend.

5

a 1 Das Gedicht hat sechs Strophen.
  2 Es besteht aus 18 Versen.

b

	richtig	falsch
Das Reimschema des Gedichts ist ein Paarreim.		x
Das Gedicht enthält keine Reime.	x	
Das Reimschema des Gedichts ist ein Kreuzreim.		x

6

b ☒ Das Gedicht entstand zur Zeit des **Sturm und Drang**.
  ☒ Das lyrische Ich drückt seine Gefühle offen und deutlich aus.

Seite 39

b Dichter: Gottfried August Bürger
  Textsorte: Gedicht
  Titel: Der Bauer an seinen durchlauchtigen Tyrannen
  Thema: Anklage eines Bauern, der Kritik an seinem Herrscher übt

d Das lyrische ~~Du~~ / **Ich** ist ein Bauer, der sich über die Unterdrückung durch **einen Fürsten** / ~~einen Kollegen~~ beklagt. Der Fürst lässt den Bauern von seinem Hund jagen und beißen. Der Bauer muss dem Fürsten seine Ernte geben, für die er viel gearbeitet hat. Der Bauer sagt, dass ~~das in Ordnung~~ / **das Raub** ist.
  Das Gedicht hat 5 / **6** Strophen mit je 3 / **4** Versen. Es gibt ~~ein Reimschema~~ / **keine Reime** in dem Gedicht.

e Der Dichter Gottfried August Bürger schrieb das Gedicht zur Zeit des Sturm und Drang. Die Dichter dieser Bewegung drückten ihre Gefühle offen und deutlich aus. Ich finde es mutig von dem Dichter, so einen kritischen Text zu schreiben.

2 Gottfried August Bürgers Gedicht **Der Bauer an seinen durchlauchtigen Tyrannen** handelt von der Anklage eines Bauern, der Kritik an seinem Herrscher übt.
Das lyrische Ich ist ein Bauer, der sich über die Unterdrückung durch einen Fürsten beklagt. Der Fürst lässt den Bauern von seinem Hund jagen und beißen. Der Bauer muss dem Fürsten seine Ernte geben, für die er viel gearbeitet hat. Der Bauer sagt, dass das Raub ist.
Das Gedicht hat 6 Strophen mit je 3 Versen. Es gibt keine Reime in dem Gedicht.
Der Dichter Gottfried August Bürger schrieb das Gedicht zur Zeit des Sturm und Drang. Die Dichter dieser Bewegung drückten ihre Gefühle offen und deutlich aus.
Ich finde es mutig von dem Dichter, so einen kritischen Text zu schreiben.

Seite 40

Einleitung: Interesse der Zuhörenden wecken, Gliederung vorstellen, das Thema der Präsentation nennen
Hauptteil: Informationen zum Thema geordnet vortragen, die Informationen mit Anschauungsmaterial unterstützen
Schluss: den Zuhörenden für das Interesse danken, zu Fragen auffordern, Wesentliches zusammenfassen

b ☒ Ist das nicht ein Widerspruch: Frau, schwarz und erfolgreich?

3 ☒ Steckbrief
☒ Lernplakat
☒ Schaubild
☒ Präsentationsfolien
☒ Mindmap
☒ Handout

Seite 41

b ☒ Finn stellt am Ende der Präsentation eine Frage zu einem Fachbegriff, den er nicht verstanden hat.
☒ Mia nickt der Vortragenden zu, als diese fragt, ob sie die nächste Folie zeigen kann.
☒ Mattis sieht den Vortragenden während der Präsentation an.
☒ Luis schreibt während der Präsentation wichtige Gedanken mit.

2 1 → C / 2 → A / 3 → D / 4 → B

Seite 42

1
4 Text entwerfen

2 Material sammeln, Informationen suchen

6 Quellenverzeichnis erstellen

3 Gliederung entwerfen

1 über das Thema nachdenken

5 Text überarbeiten

2 Zuerst stellst du Schlüsselwörter für die Suche in Katalogen von Bibliotheken und im Internet zusammen. Dann wählst du geeignete Bücher, Zeitschriften oder sonstige Texte aus und fertigst Kopien oder Ausdrucke an. Lege dir auf dem Computer einen Ordner zum Sammeln des Materials an. Notiere alle Angaben zu den benutzten Texten (Autor, Titel, Erscheinungsort, Erscheinungsjahr, Seitenzahl) für das Quellenverzeichnis. Markiere wichtige Textstellen. Notiere Stichpunkte zu wichtigen Informationen.

Seite 43

3

b ☒ ein Inhaltsverzeichnis
☒ ein Quellenverzeichnis
☒ den Text
☒ ein Deckblatt

4 im Fach Deutsch
Thema: Autorinnen und Autoren im Exil (1933–1945)
Verfasst von: Mia Jacobs   Schuljahr: 2024/25
Betreuende Lehrkraft: Frau Ludowig   Schule: Lessingschule

Seite 44

a 1 → D / 2 → C / 3 → E / 4 → B / 5 → F / 6 → A

b spielen   6

gelb   1

aber   4

die   3

Koffer   5

gestern   2

b Jugendliche: Nomen, haben: Verb, einen: Artikel, eigenen: Adjektiv, Geschmack: Nomen, bei: Präposition, der: Artikel, Kleidung: Nomen, manchmal: Adverb, streiten: Verb, die: Artikel, Jugendlichen: Nomen, deswegen: Adverb, mit: Präposition, den: Artikel, Eltern: Nomen, Lisa: Nomen, möchte: Verb, heute: Adverb, ein: Artikel, Tanktop: Nomen, und: Konjunktion, kurze: Adjektiv, Shorts: Nomen, tragen: Verb, die: Artikel, Mutter: Nomen, will: Verb, dass: Konjunktion, Lisa: Nomen, eine: Artikel, Bluse: Nomen, anzieht: Verb

Seite 45

b–c Hosen: Mehrzahl, weiblich
Loch: Einzahl, sächlich
Risse: Mehrzahl, männlich
Outfit: Einzahl, sächlich
Turnschuhe: Mehrzahl, männlich
T-Shirt: Einzahl, sächlich
Farbflecken: Mehrzahl, männlich
Piratentuch: Einzahl, sächlich
Basecap: Einzahl, sächlich

d–e Paul trägt nur alte Hosen. Jede hat ein Loch oder große Risse. Zu dem Outfit gehören außerdem die bunten Turnschuhe, das coole T-Shirt mit den Farbflecken und ein dunkles Piratentuch unter dem Basecap.

Artikel: ein, dem, die, das, den, ein, dem
Adjektiv: alte, große, bunten, coole, dunkles

Seite 46

b Zur Mode gehörte früher das Tragen von Reifröcken. Das Besondere an den Reifröcken war die außergewöhnliche Breite. Beim Anziehen musste den adeligen Damen eine Dienerin helfen.

d	nominalisierte Verben	nominalisierte Adjektive
	das Tragen	das Besondere
	beim Anziehen	die Breite

 1 Das Aufstellen von Modepuppen in Schaufenstern ist verbreitet.
2 Das Praktische an den Modepuppen ist, dass man sie immer nach der neuesten Mode kleiden kann.
3 Regelmäßiges Umkleiden der Puppen ist Aufgabe der Angestellten.

a–b Hinweis: Die Begleitwörter der Nominalisierungen sind unterstrichen.

1 Das Binden langer Haare zum Dutt ist modern.

2 Meine Freunde binden ihre Haare am liebsten zum Dutt.

3 Wir schminken unsere Gesichter für ein Kostümfest.

4 Das Schminken der Gesichter macht großen Spaß.

Seite 47

b Hinweis: Verben im Präsens sind fett gedruckt, Verben im Präteritum sind markiert, Verben im Perfekt sind unterstrichen, Verben im Futur sind doppelt unterstrichen.

Karim **kauft** sich gern Kleidung. Er hat sich zum Geburtstag Geld dafür gewünscht. Bisher kaufte Karim seine Sachen im Secondhand-Laden. Dort **ist** die Kleidung günstiger. Karim war immer zufrieden mit der gebrauchten Kleidung. Am nächsten Wochenende wird Karim auf den Flohmarkt gehen. Er **sagt** zu seiner Freundin Anna: „Neulich habe ich auf dem Flohmarkt ein cooles T-Shirt gesehen. Am Wochenende werde ich es kaufen."

2

a–b	Präsens	er trägt	sie findet	ich nähe
	Präteritum	er trug	sie fand	ich nähte
	Perfekt	er hat getragen	sie hat gefunden	ich habe genäht
	Futur I	er wird tragen	sie wird finden	ich werde nähen

Seite 48

 1 Julie mag schöne Kleider.

2 Sie hat sich heute ein neues Kleid gekauft.

3 Dabei hatte Julie schon sieben Kleider im Schrank.

4 In einem Jahr wird ihr Schrank voll sein.

4 Hinweis: Die Hilfsverben sind fett gedruckt und das Partizip II ist markiert.

1 Ich **hatte** ein Glas Wasser getrunken.

2 Du **warst** ins Kino gegangen.

3 Er **hatte** sich um eine neue Stelle beworben.

4 Wir **waren** schnell losgelaufen.

5 Ihr **hattet** ein Ticket gekauft.

6 Sie **waren** zu Besuch gekommen.

5

b–c 1 Du hattest drei Stunden gearbeitet, als es an der Tür klingelte.
2 Sie hatten lange gesucht, bis sie das passende Hemd fanden.
3 Marthe hatte im Schaufenster ein schickes Kleid gesehen.
4 Wir waren vorher auf eine Bekleidungsmesse gegangen.
5 Ich war im letzten Jahr schon einmal dort gewesen.

Seite 49

b–c Das gefalle ihr, erklärt die junge Schornsteinfegerin. Er liebe Holz und arbeite gerne damit, fügt er hinzu.

 2 Burhan antwortet, er werde Schneider.
3 Özlem berichtet, ihre Schwester arbeite auch als Schneiderin.
4 Die Zwillinge sagen gleichzeitig, eine Schneiderwerkstatt sei echt interessant.

3 1 „Sie kommen heute." – Er sagt, sie würden heute kommen.
2 „Er holt die Zeitung." – Sie sagt, er würde die Zeitung holen.

Seite 50
1

b 1 Aktiv
2 Passiv
3 Aktiv
4 Aktiv
5 Passiv

2

b 2 Heute wird das Bühnenbild gebaut.
3 Auch kräftige Scheinwerfer werden benötigt.
4 Jetzt wird mit der Tonprobe begonnen.

Seite 51

b der Gummistiefel

c Diese Schuhe sind älter als 3500 Jahre. Schon die Ureinwohner Südamerikas tauchten ihre Stoffschuhe in den Saft des Gummibaums. So blieben ihre Füße trocken, sogar beim stärksten Regen. Allerdings ist der Saft des Gummibaums giftig. Heute ist die Herstellung dieser Schuhe gesünder und einfacher. Bei Regenwetter sind es die praktischsten Schuhe.

d	Positiv (Grundstufe)	Komparativ (Mehrstufe)	Superlativ (Meiststufe)
	trocken	älter	stärksten
	giftig	gesünder	praktischsten
		einfacher	

2 1 Die Schuhe von Karim sind neuer als Yegors Schuhe.
  2 Die kurze Hose gefällt ihr genauso gut wie der Minirock.
  3 Badelatschen sind leichter als feste Schuhe.

Seite 52

1	Singular (Einzahl)	Plural (Mehrzahl)
1. Person	ich	wir
2. Person	du	ihr
3. Person	er, sie, es	sie

2
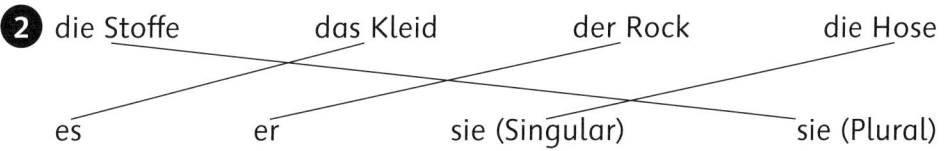

die Stoffe   das Kleid   der Rock   die Hose

es   er   sie (Singular)   sie (Plural)

3 1 Sie sucht einen bunten Hut.
  2 Er möchte lieber ein Basecap.

4 1 Auf dem Teppich sind meine Schuhe.
  2 Seine Hausschuhe stehen unter ihrem Bett.
  3 Unsere Schuhe mussten wir draußen lassen.
  4 Er hat deine Schuhe heute in mein Fach gestellt.

Seite 53
5

a 1 Ich sehe mir die Modenschau an.
  2 Du ärgerst dich über die kaputte Hose.
  3 Der junge Mann bestellt sich ein Ticket.
  4 Wir kaufen uns neue Kleidung.

b 1 Sie möchte sich als Model bewerben.
  2 Ich will mich bei der Modelagentur bewerben.
  3 Ihr könnt euch auch als Models bewerben.

a und b   Menschen mit Behinderung tragen auch gern <u>Kleidung</u>, die/welche schick und modern ist. Für sie ist <u>Kleidung</u> wichtig, die/welche sie allein an- und ausziehen können. Praktisch ist ein <u>Magnetknopf</u>, der/welcher sich leicht schließen und öffnen lässt. Es gibt ein <u>Modelabel</u>, das/welches Kleidung für Menschen im Rollstuhl entwirft.

7   Hinweis: Personalpronomen sind fett gedruckt, Reflexivpronomen sind markiert, Relativpronomen sind unterstrichen, Possessivpronomen sind doppelt unterstrichen.
Erinnerst **du** dich daran, wie **wir** Kleidung für <u>meinen</u> Bruder gesucht haben? **Es** ging um Hosen, <u>die</u> **er** allein an- und ausziehen kann. <u>Seine</u> Lieblingshose war kaputt. Jemand, <u>der</u> im Rollstuhl sitzt, braucht keine Hosentaschen am Po. Eine Firma aus Wien hat sich auf Mode für Menschen spezialisiert, <u>die</u> sich mit einem Rollstuhl fortbewegen.

Seite 54

a 1 Farben haben <u>seit</u> langer Zeit unterschiedliche Bedeutungen.
  2 Früher stand die Farbe Rot <u>für</u> Männer und Blau <u>für</u> Frauen.
  3 <u>In</u> Japan verbindet man Purpur <u>mit</u> dem Kaiser.
  4 <u>Bei</u> einer Beerdigung tragen die Trauernden oft schwarze Kleidung.

a und b   Hinweis: Die Nomen, auf die sich die Präpositionen beziehen, sind fett gedruckt.
  1 Über **dem Hemd** trage ich eine Jacke.
  2 Die Schuhe stehen bei **seiner Oma**.
  3 Nach **dem Sport** ziehe ich mich um.
  4 Auf **dem T-Shirt** ist ein Fleck.
  5 Vor **dem Fest** ziehe ich mein bestes Kleid an.

b

räumliche Präposition	zeitliche Präposition
über	nach
bei	vor
auf	

3

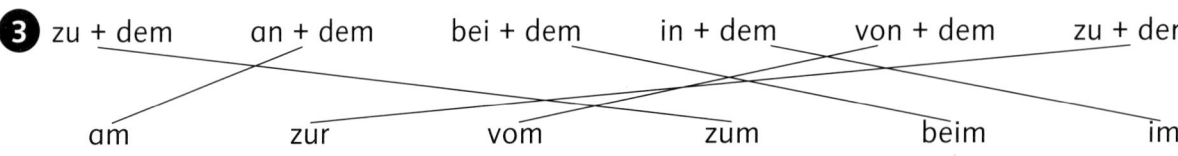

Seite 55

b Maike und Eva gehen <u>oft</u> auf den Flohmarkt. <u>Dort</u> kaufen sie gebrauchte Kleidung. <u>Manchmal</u> bekommen sie Sachen geschenkt. <u>Deshalb</u> gehen sie <u>gern</u> auf den Flohmarkt.

c **Wann?** (die Zeit): oft, manchmal
Wo? (der Ort): dort
Wie? (die Art und Weise): gern
Warum? (der Grund): deshalb

a und b **1** Tuan kauft sich **sehr** <u>gern</u> große T-Shirts. ☐ +

2 Seine T-Shirts sind auch **extrem** <u>weit</u>. ☐ +

3 Nele mag helle T-Shirts mit **besonders** <u>großen</u> Blumen. ☐ +

4 Kim ist **einigermaßen** <u>wählerisch</u> bei ihren Sachen. ☐ –

3 Mögliche Lösung:
1 Lara interessiert sich sehr/recht/ziemlich wenig für Mode.
2 Minh erscheint immer in absolut/extrem/sehr/besonders sauberer Kleidung.
3 Luka legt keinen überaus/äußerst/besonders großen Wert auf sein Äußeres.
4 Seine Hemden sind ziemlich/relativ/ganz selten gebügelt.

Seite 56

4 <u>dabei</u> – <u>wodurch</u> – <u>hierfür</u> – <u>damit</u> – <u>wovon</u> – <u>hierzu</u>

5 Mögliche Lösung:
wo + …: woran, woraus, worauf, worin, wobei, wodurch, wofür, womit, wovon, wozu
da + …: daran, daraus, darauf, darin, dabei, dadurch, dafür, damit, davon, dazu
hier + …: hieran, hieraus, hierauf, hierin, hierbei, hierdurch, hierfür, hiermit, hiervon, hierzu

6 **1** Ich interessiere mich für Mode. Vitja interessiert sich auch sehr ☐für☐ Mode.
Vitja interessiert sich auch sehr dafür.
2 Ich sollte die Karten für die Modemesse kaufen. Aber dann hatte ich viel zu tun, sodass ich nicht ☐an☐ die Karten gedacht habe.
Aber dann hatte ich viel zu tun, sodass ich nicht daran gedacht habe.
3 Ich hoffe, ihr lacht nicht über meine neue Frisur. Vitja hat sich ☐über☐ meine neue Frisur lustig gemacht.
Vitja hat sich darüber lustig gemacht.

Seite 57

a und b Hinweis: Aufzählende Konjunktionen sind fett gedruckt, entgegenstellende
Konjunktionen sind markiert.

1 In Lisas Schrank hängen Kleider, Mäntel **und** Hosen.
2 Siri trägt oft kurze Hosen, aber keine Röcke.
3 Im Sommer zieht Nina **entweder** ein Kleid **oder** eine kurze Hose an.
4 Maja mag **weder** kurze **noch** lange Röcke.
5 Zu einer Hose kann man **sowohl** T-Shirts **als auch** Blusen tragen.
6 Manchmal setzt meine Mutter einen Hut auf, doch nur einen Sonnenhut.

 1 Das Einstiegsalter zum Modeln liegt für Mädchen zwischen 16 und 18 Jahren.
2 Mario musste sich entscheiden: Schule oder Laufsteg.
3 Diese Modelagentur sucht sowohl Jugendliche als auch Erwachsene.
4 Marlene hat schon an einer Modenschau teilgenommen, aber noch an keinem
Fotoshooting.
5 Hassan ist ziemlich schüchtern, doch er arbeitet als Model.
6 Luzia will entweder Model oder Modedesignerin werden.

Seite 58

a und b „Brrr!" Kälte
„Igitt!" Ekel
„Puh!" Anstrengung
„Jippie!" Freude

 1 Oje, was ist denn da passiert?
2 Iiiih! Das sieht ja eklig aus!
3 Tja, Pech gehabt!

Seite 59

a und b 1 Jeden Freitag treffen sich Jugendliche zu einer Demonstration.
Frage: Wer trifft sich jeden Freitag zu einer Demonstration?
2 Die Demonstrationen finden in vielen Ländern statt.
Frage: Was findet in vielen Ländern statt?

 1 Jeden Freitag treffen sich Jugendliche zu einer Demonstration.
2 Die Demonstrationen finden in vielen Ländern statt.

a und b Hinweis: Das Subjekt ist fett gedruckt, das Prädikat ist markiert.
Mögliche Lösung:
1 **Der Schüler** hat ein Plakat für die Demonstration geplant.
2 **Die Jugendlichen** nehmen seit Langem teil.
3 **Die Schulleiterin** stellt alle teilnehmenden Klassen frei.
4 **Die Teilnehmenden** kommen mit dem Fahrrad.

Seite 60

a und b 1 Was besuchte die 14-jährige Malala aus Pakistan trotz Verbot?
Akkusativobjekt
2 Was hielt eine Terrorgruppe eines Tages an?
Akkusativobjekt
3 Von wem wurde Malala angeschossen?
Dativobjekt

5 Hinweis: Adverbialbestimmungen des Ortes sind fett gedruckt,
Adverbialbestimmungen der Zeit sind markiert, Adverbialbestimmungen der Art und
Weise sind unterstrichen.
1 Malala überlebte diesen Anschlag nur knapp.
2 Nach dem Anschlag musste Malala operiert werden.
3 Die Operation fand **in Großbritannien** statt.
4 Heute kämpft Malala für Schulbildung **in Pakistan**.
5 Im Jahr 2014 bekam Malala **in der Stadt Oslo** den Friedensnobelpreis.

Seite 61

b–c 1 Sea-Watch ist eine Organisation von Freiwilligen und sie hilft Flüchtlingen.
Sea-Watch ist eine Organisation von Freiwilligen. Sie hilft Flüchtlingen.
2 Die Organisation rettet Menschen in Seenot und sie bringt die Flüchtlinge in
Sicherheit.
Die Organisation rettet Menschen in Seenot. Sie bringt die Flüchtlinge in
Sicherheit.

2 2 2016 wurde sie Kapitänin von einem Rettungsschiff und drei Jahre später rettete
sie 53 Menschen.
3 Rackete brachte die Menschen in einen Hafen und die Polizei nahm sie daraufhin
fest.

Seite 62

b und c   1   Racketes Schiff durfte in keinen Hafen fahren, <u>sondern</u> es musste zwei Wochen auf dem Meer bleiben.

2   Carola Rackete wusste von dem Verbot, <u>aber</u> sie brachte das Schiff trotzdem in den Hafen.

3   Den Flüchtlingen ging es immer schlechter, <u>deshalb</u> fuhr Rackete in den Hafen.

4   Die Flüchtlinge waren in Sicherheit, <u>allerdings</u> stieß das Schiff im Hafen gegen ein italienisches Boot.

5   Die italienische Polizei verhaftete Rackete, <u>denn</u> die Kapitänin war nach ihrer Meinung eine Straftäterin.

6   Rackete wurde festgenommen, <u>doch</u> nach drei Tagen kam sie wieder frei.

   1   Carola Rackete wurde verhaftet, allerdings musste sie nicht ins Gefängnis.

2   Das Gericht sprach Rackete frei, daher stand sie nicht mehr unter Hausarrest.

3   Rackete hatte gegen ein Verbot verstoßen, aber sie hatte dadurch Menschen gerettet.

Seite 63

b–d   2   Er <u>war</u> gegen die britische Herrschaft, |die| fast 200 Jahre <u>bestand</u>.
Hauptsatz   , Nebensatz

3 |Weil| er ohne Gewalt <u>kämpfte</u>, <u>wurde</u> Gandhi für viele zum Vorbild.
Nebensatz   , Hauptsatz

4 |Warum| er dafür ins Gefängnis <u>kam</u>, <u>verstanden</u> viele Menschen nicht.
Nebensatz   , Hauptsatz

e   Konjunktionalsatz 1, 3   Fragewortsatz 4   Relativsatz 2

Seite 64

2

b–e   1   Gandhi <u>war</u> ein Mann, |der| friedlich für seine Überzeugungen <u>kämpfte</u>.
2   Er <u>benötigte</u> keine Waffen, |weil| er gut reden <u>konnte</u>.
3   Er <u>hatte</u> ein Ziel, |das| viele Inder wichtig <u>fanden</u>.
4   Gandhi <u>ist</u> noch wichtig für viele Menschen, |obwohl| er tot <u>ist</u>.
5   Die Unabhängigkeit von Indien <u>zeigt</u>, |wie| erfolgreich er <u>war</u>.

3   1   Gandhi erhielt den Ehrentitel Mahatma, weil er friedlich für seine Mitmenschen kämpfte.

2   Gandhi ging nach seinem Studium in England zurück nach Indien, da er den Menschen dort helfen wollte.

3   Gandhi kämpfte bis zu seinem Tod, obwohl er oft verhaftet wurde.

Seite 65

b **1** Anrede
2 Aufzählung
3 Satzgefüge
4 Datumsangabe
5 Satzreihe

Seite 66

b und c **1** Christian Nürnberger schreibt: „Also gibt es eigentlich gar keine mutigen Menschen, denn wer keine Angst hat, braucht keinen Mut."
2 Er ergänzt: „Und wer ihn bräuchte, hat ihn nicht. Dieser Meinung scheinen die meisten Feiglinge anzuhängen [...]."

2

b–d Hinweis: Die Anführungszeichen sind fett gedruckt, die Zitate sind unterstrichen, die Auslassungen sind markiert.
1 Christian Nürnberger will mit seinem Buch zeigen, „[...] wie aus einem ersten kleinen mutigen Schritt der Mut wächst [...] und mit diesem der Mut zum dritten und allen weiteren Schritten". (Nürnberger, 2023, S. 12)
2 Er glaubt, „[...] die Menschheit scheint eben aus zwei Gruppen zu bestehen: einer Minderheit, die keine Angst kennt [...], und einer Mehrheit, die [...] feige ist." (Nürnberger, 2023, S. 9)

Seite 67

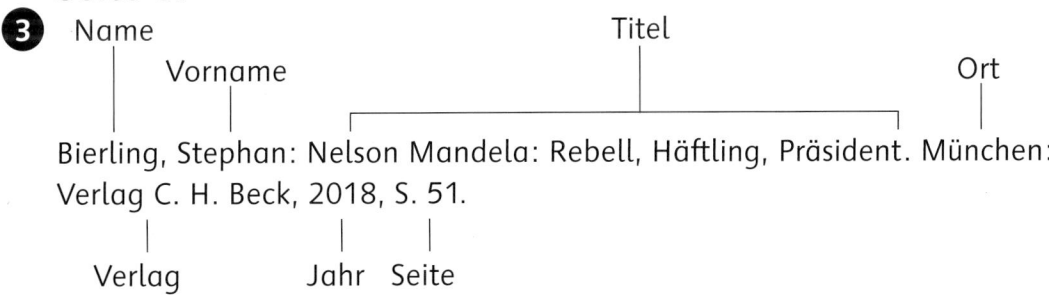

4 Kühne, Ulrich: Mutige Menschen – Frauen und Männer mit Zivilcourage. München: Elisabeth Sandmann Verlag, 2011, S. 46.

5

b Bierling, Stephan: Nelson Mandela: Rebell, Häftling, Präsident. München: Verlag C. H. Beck, 2018, S. 51.
Eberling, Matthias: Mahatma Gandhi – Leben, Werk, Wirkung. Frankfurt am Main: Suhrkamp Verlag, 2006, S. 80.

Hamann, Brigitte: Bertha von Suttner – Kämpferin für den Frieden. München, Zürich: Piper Verlag, 2015, S. 13.
Nürnberger, Christian: Mutige Menschen – für Frieden, Freiheit und Menschenrechte. Stuttgart: Gabriel Verlag, 2023, S. 28.

Seite 68

b Bertha von Suttner wurde 1843 geboren. Ihr Roman **Die Waffen nieder!** erregte großes Aufsehen. Krieg lehnte Bertha von Suttner ab. Im Jahr 1905 erhielt sie den Friedensnobelpreis. In Österreich ist auf die 2-Euro-Münze ihr Gesicht geprägt.

Subjekt	adverbiale Bestimmung	Objekt
Bertha von Suttner	im Jahr 1905	Krieg
ihr Roman **Die Waffen nieder!**	in Österreich	

2 **1** Bertha von Suttner schrieb ein bekanntes Buch.
2 Den Roman **Die Waffen nieder!** veröffentlichte sie im Jahr 1889.

Seite 69

3

b und c **2** Berthas Vater starb kurz vor ihrer Geburt. Er war ein Graf und General.
Pronomen
3 Bertha erhielt eine gute Bildung. Das Mädchen lernte mehrere Sprachen.
Wort mit ähnlicher Bedeutung
4 1873 zog Bertha nach Wien. Dort arbeitete sie als Erzieherin.
Adverb
5 In Wien verliebte sie sich in Arthur, der sieben Jahre jünger war als sie.
Relativpronomen
6 1889 erschien ihr Roman **Die Waffen nieder!**. Darin kritisiert sie den Krieg.
Adverb
7 Dieses Buch gegen den Krieg, das in 12 Sprachen übersetzt wurde, war ihr größter Erfolg.
Relativpronomen

Seite 70

a und b			
1 Das Auto fährt im Schneckentempo.		**A** aussichtslos
2 Der Junge ist eine Bohnenstange.		**B** veraltet
3 Das ist doch Schnee von gestern!		**C** sehr langsam
4 Jemand sucht die Nadel im Heuhaufen.		**D** groß und sehr dünn

a links: Das Wetter spielt verrückt.
rechts: Der Tag verabschiedet sich.

b Die Natur erwacht.

Seite 71

a 1 → C / 2 → A / 3 → D / 4 → B

b und c **1** nur Bahnhof verstehen
gar nichts verstehen
2 jemandem auf den Keks gehen
jemanden nerven
3 sich den Schuh nicht anziehen
mit etwas nichts zu tun haben wollen
4 auf dem letzten Loch pfeifen
völlig erschöpft sein

4 **1** Lügen haben kurze Beine.
2 Reden ist Silber, Schweigen ist Gold.
3 Aller guten Dinge sind drei.

5 Paul: Ich wünsche dir einen guten Morgen!
Karim: Wer ist denn da?
Paul: Hier spricht Paul Fieger.
Karim: Je früher du die Aufgaben in Deutsch abgibst, desto besser ist es.

Seite 72

a und b Verbalstil		Nominalstil
1 Mandela kämpfte dagegen, dass die Menschen nach ihrer Hautfarbe in verschiedene Gruppen eingeteilt wurden.		**A** Seine Forderung war das gleiche Recht auf Bildung für alle Menschen.
2 Er forderte, dass alle Menschen das gleiche Recht auf Bildung haben sollten.		**B** Mandelas Kampf galt der Einteilung von Menschen in Gruppen nach ihrer Hautfarbe.

b **1** – Beginn des Jurastudiums 1888 in London
2 – Kampf als Anwalt für die Schwachen
3 – Organisation von Streiks und Demonstrationen

Seite 73

1

b 2 Kim mag Tanzen. In ihrer Klasse tanzen alle.
3 Sie wollen nicht fliegen, denn Fliegen ist teuer.

2

b und c 2 Das erste Haus entstand vor 500 000 Jahren in Japan.   4

3 Früher lebten Menschen in Höhlen oder Zelten.   4

3 2 Was hat Abdul repariert? (Akkusativ)
3 Wem hat Lena Bescheid gesagt? (Dativ)
4 Wen informiert sie auch? (Akkusativ)

Seite 74

1

a und b Hinweis: Das Grundwort ist fett gedruckt, das Bestimmungswort ist markiert.
1 trocken: das Trockeneis, staubtrocken, die Trockenblume
2 braun: der Braunbär, schokoladenbraun, dunkelbraun

2

a KINDERGARTEN / MENSCHENRECHT / RABENSCHWARZ / GESCHÄFTSTÜCHTIG

b das Kind + der Garten → der Kindergarten, der Mensch + das Recht → das Menschenrecht, der Rabe + schwarz → rabenschwarz, das Geschäft + tüchtig → geschäftstüchtig

Seite 75

1 1 laufen: entlaufen, verlaufen, belaufen
2 sorgen: entsorgen, versorgen, besorgen

2 die Zeugin, bildhaft, die Schönheit, langsam, die Ordnung, einsam, die Schützin, die Sauberkeit, die Klugheit, die Botschaft

3 die Meinung, die Ordnung, der Ordner, die Möglichkeit, das Erlebnis, die Untersuchung, die Dummheit, die Verwandtschaft, ein Verwandter, die Gewohnheit, die Gewöhnung

4 Mögliche Lösung:
die Unlust, die Belustigung, lustig, unlustig
die Freundschaft, freundlich, unfreundlich
der Unmut, der Missmut, die Entmutigung, mutig, unmutig, missmutig
der Unmensch, die Menschheit, menschlich, unmenschlich
die Vorzahl, die Bezahlung, die Auszahlung, die Zahlung, unzählig
der Verrat, der Unrat, der Vorrat, die Beratung, ratsam

verstören, zerstören, die Zerstörung, entstören, die Entstörung, die Störung
verschreiben, umschreiben, ausschreiben, vorschreiben, beschreiben, die
Umschreibung, die Ausschreibung, die Beschreibung, die Schreibung
verbrechen, wegbrechen, umbrechen, ausbrechen, zerbrechen, zerbrechlich,
die Brechung
verbringen, herbringen, wegbringen, umbringen, ausbringen, vorbringen
vererben, enterben, beerben, die Vererbung, die Enterbung, die Beerbung,
die Erbschaft, erblich
verzaubern, herzaubern, wegzaubern, vorzaubern, entzaubern, bezaubern,
zauberhaft, die Verzauberung, die Entzauberung, die Bezauberung

5 lästig – die Last, bauen – das Gebäude, finden – der Fund, schäumen – der Schaum,
singen – der Gesang, fahren – die Fähre, gläubig – der Glaube

Seite 76

1

die Nahrung	tragen	das Haus	fröhlich
das Essen	transportieren	das Schloss	heiter
die Lebensmittel	befördern	die Wohnung	freudig
das Futter	schleppen	das Gebäude	glücklich

2 1 → B / 2 → D / 3 → A / 4 → C

3 Antonympaare: alt – jung, vor – hinter, an – aus, dick – dünn
Synonympaare: der Schuh – der Stiefel, lachen – kichern, mutig – tapfer, klein –
winzig

Seite 77

1

a

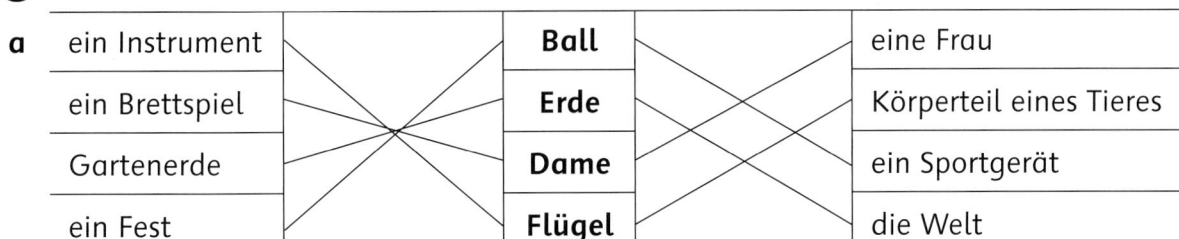

ein Instrument	**Ball**	eine Frau
ein Brettspiel	**Erde**	Körperteil eines Tieres
Gartenerde	**Dame**	ein Sportgerät
ein Fest	**Flügel**	die Welt

b der Ball: ein Fest – ein Sportgerät, die Erde: Gartenerde – die Welt, die Dame: ein
Brettspiel – eine Frau, der Flügel: ein Instrument – Körperteil eines Tieres

2 1 Die Boote sind auf dem See. Der Bote bringt die Post.
2 Die Saite der Geige ist gerissen. Paul schlägt die nächste Seite in seinem Heft auf.
3 Ein Bund Petersilie kostet 50 Cent. Der Ballon ist ganz bunt.

Seite 78

d links: den Nagel auf den Kopf treffen – genau das Richtige sagen
Mitte: am Fuße des Berges – unten am Berg
rechts: die Nadel im Heuhaufen suchen – eine schwierige Suche

a und b

1 Das Auto ist eine Rostlaube.		**A** eine gute Idee	
2 Plötzlich hatte ich einen Geistesblitz.		**B** der Ursprung	
3 Sie hat ihm das Herz gebrochen.		**C** alt und kaputt	
4 Die Wiege der Menschheit ist in Afrika.		**D** Liebeskummer bereiten	

Seite 79

a und b 1 mit dem Zaunpfahl winken ☐ C
2 die Welt durch die rosarote Brille betrachten ☐ A
3 jemandem das Wasser reichen können ☐ D
4 ins Schwarze treffen ☐ B

b Der Winter ist jetzt in Fahrt gekommen. Das nördliche Deutschland ist ein Gefrierschrank geworden. Ein kalter Atemhauch weht über das Land. Der Frost hat Flüsse und Seen in eisige Spiegel verwandelt. Es hat geschneit und über den Feldern liegt eine geschlossene Schneedecke. Auch die Bäume tragen ein weißes Kleid.

c Der Winter hat jetzt begonnen. Im nördlichen Deutschland ist es sehr kalt geworden. Ein kalter Wind weht über das Land. Der Frost hat Flüsse und Seen gefrieren lassen. Es hat geschneit und die Felder sind komplett von Schnee bedeckt. Auch auf den Bäumen liegt Schnee.

Seite 80

1 1 Fachsprache
2 Standardsprache
3 Umgangssprache
4 Dialekt (Mundart)
5 Jugendsprache

2 Mögliche Lösung:
a **1** Fachsprache
   2 Umgangssprache oder Dialekt (Mundart)
   3 Standardsprache, vielleicht auch Fachsprache
   4 Umgangssprache, Jugendsprache oder Dialekt (Mundart)
   5 Standardsprache, vielleicht auch Fachsprache
   6 Umgangssprache oder Dialekt (Mundart)
   7 Standardsprache, vielleicht auch Fachsprache
   8 Standardsprache, vielleicht auch Umgangssprache oder Dialekt (Mundart)

Seite 81

1 **1** das Gaming: das Spielen am Computer
   2 das Homeschooling: der Unterricht zu Hause
   3 das Shopping: das Einkaufen

b Wenn die Menschen in Litauen hungrig sind, schmieren sie sich ein <u>buterbrodas</u>. Manche holen sich auch ein Stück <u>tortas</u> oder eine leckere <u>wafliai</u>. Wenn Norwegerinnen und Norweger ihre Arbeit unterbrechen, machen sie eine <u>kaffepaussi</u>. Und wenn sie etwas vergeblich tun, tun sie es <u>omsonst</u>.

c

übernommenes Wort	deutsches Wort
buterbrodas	das Butterbrot
tortas	die Torte
wafliai	die Waffel
kaffepaussi	die Kaffeepause
omsonst	umsonst

Seite 82

1 **1** Korallen sind etwas ganz Besonderes.
   2 Ein Ausbleichen der Korallen ist zu beobachten.
   3 Schuld daran ist das Ansteigen der Wasser-Temperatur.
   4 Das Schädliche ist der hohe Säure-Grad des Wassers.

2 Hinweis: Das Subjekt ist fett gedruckt, das Prädikat ist markiert.
   1 **Korallen** ernähren sich von Algen.
   2 **Die Korallen** können große Riffe bilden.
   3 Zwischen den Korallen-Riffen leben **viele Pflanzen und Tiere**.
   4 **Die Riffe** werden durch die Veränderung des Klimas geschädigt.

3 Hinweis: Adverbialbestimmungen des Ortes sind fett gedruckt, Adverbialbestimmungen der Zeit sind markiert, Adverbialbestimmungen der Art und Weise sind unterstrichen.

1 Korallen leben seit über 400 Millionen Jahren **im Wasser**.
2 Seit etwa 40 Jahren werden **auf der Erde** Korallen-Riffe zerstört.
3 Häufig geschieht die Zerstörung der Riffe unabsichtlich.
4 Heute setzen sich viele Menschen aktiv für den Schutz der Riffe ein.

4

a und b 1 Unsere Meere brauchen Schutz, aber noch immer geschieht viel zu wenig.
2 Die Verschmutzung nimmt weiter zu, deshalb bleibt uns nicht viel Zeit.
3 Ein Problem ist der Plastikmüll, denn Plastik beschädigt die Korallen-Riffe.
4 Viele Organisationen bemühen sich um den Erhalt der Riffe, allerdings ist es für manche Korallen schon zu spät.

Seite 83

5

a und b 1 Korallen sind wichtig, weil sie Lebensräume für viele Pflanzen und Tiere sind.
2 Korallen-Riffe schützen die Küsten, indem sie die Wellen weit vor dem Ufer brechen.
3 Warum Korallen besonders geschützt werden müssen, verstehen viele Menschen nicht.

6 1 Korallen sind Tiere, obwohl sie wie Pflanzen aussehen.
2 Viele Menschen tun etwas für die Korallen, damit die Riffe erhalten bleiben.
3 Korallen soll man nicht berühren, weil sie dadurch zerstört werden können.

7

a MEERESVERSCHMUTZUNG / ARTENSTERBEN / KORALLENRIFF

b das Meer + die Verschmutzung → die Meeresverschmutzung, die Art + das Sterben → das Artensterben, die Koralle + das Riff → das Korallenriff

Seite 84

1

b 1 Das Produkt, das ich heute gekauft habe, ist beschädigt.
2 Das war beim Kauf nicht erkennbar.
3 Man sollte die Ware vor dem Kaufen gut prüfen.

2

b Schulabschluss, verlässlich, Adresse, Straße, Abschlusszeugnis, muss, Abschließend, Grüßen

Seite 85

a   **das** oder **dass**? Wenn sich das Wort durch **dies(es), jenes, welches** ersetzen lässt, schreibt man **das**. Lässt sich das Wort nicht ersetzen, schreibt man **dass**.

b–d **1** Ich habe gehört, **dass** vor der Schule ein Unfall passiert ist.
   2 Zuerst sah ich ein Fahrrad, **das** mitten auf der Straße lag.
   3 Ein Auto, **das** total kaputt war, musste abgeschleppt werden.
   4 **Dass** so viele Leute herumstanden, behinderte den Krankentransport.
   5 Die Polizei veranlasste, **dass** der Unfallort abgesperrt wurde.
   6 Bei dem Unglück, **das** sich gestern ereignete, wurde niemand schwer verletzt.

b   Sehr geehrte Damen und Herren, von **Ihrer** Mitarbeiterin erfuhr ich, dass in **Ihrem** Unternehmen Auszubildende eingestellt werden. Ich bewerbe mich bei **Ihnen** um einen Ausbildungsplatz. Ich wäre **Ihnen** sehr dankbar, wenn **Sie** mich zu einem Vorstellungsgespräch einladen würden. Vielen Dank im Voraus!

Seite 86

  1 Satzanfänge schreibt man **groß**.
   2 Eigennamen schreibt man **groß**.
   3 Nomen/Substantive schreibt man **groß**.
   4 Andere Wortarten, wie Verben und Adjektive, schreibt man **klein**.
   5 Werden Verben und Adjektive nominalisiert, dann schreibt man sie **groß**.

2

b   Hinweis: Nominalisierte Verben sind fett gedruckt, nominalisierte Adjektive sind markiert.
   1 In meinem Alltag passiert selten etwas **Besonderes**.
   2 Im **Großen** und **Ganzen** sind meine Leistungen nicht schlecht.
   3 Das **Schreiben** von Texten fällt mir leicht.
   4 Auch das **Rechnen** stellt mich nicht vor große Probleme.
   5 Nach meinem Abschluss will ich etwas **Interessantes** machen.
   6 Ich möchte viel **Neues** erleben.
   7 Bei meinem Beruf soll das **Arbeiten** mit Menschen im Mittelpunkt stehen.

c   etwas Besonderes → besonders, im Großen und Ganzen → groß, ganz, das Schreiben → schreiben, das Rechnen → rechnen, etwas Interessantes → interessant, viel Neues → neu, das Arbeiten → arbeiten

Seite 87

b und c 1 Beim ~~spielen~~ / Spielen der Gitarre vergisst er alles um sich herum.
2 Während der Bandproben gibt er sein ~~bestes~~ / Bestes.
3 Doch das ~~auftreten~~ / Auftreten vor vielen Menschen fällt ihm schwer.
4 Aber das ~~schöne~~ / Schöne ist, dass er heute sein Lampenfieber überwunden hat.

4 2 die Sächsische Schweiz
3 der Bayerische Wald
4 der Berliner Bär
5 die Magdeburger Börde

Seite 88

5 1 Die Ermittlerinnen und Ermittler sind sich im Großen und Ganzen einig, dass sich in den Unterlagen nichts Interessantes findet.
2 Sie tappen bei ihren Ermittlungen noch immer im Dunkeln.
3 Am besten wäre es, wenn der Fall heute Abend durch einen Polizeieinsatz gelöst werden könnte.

b 1 nur im deutschen werden die nomen großgeschrieben.
2 im allgemeinen sind die regeln verständlich.
3 im wesentlichen ist bekannt, dass jede wortart nominalisiert werden kann.
4 für die deutschen ist es also nichts besonderes, nominalisierte adjektive oder verben großzuschreiben.
5 das nachschlagen im wörterbuch ist bei unsicherheiten aber zu empfehlen.

c 1 Nur im Deutschen werden die Nomen großgeschrieben.
2 Im Allgemeinen sind die Regeln verständlich.
3 Im Wesentlichen ist bekannt, dass jede Wortart nominalisiert werden kann.
4 Für die Deutschen ist es also nichts Besonderes, nominalisierte Adjektive oder Verben großzuschreiben.
5 Das Nachschlagen im Wörterbuch ist bei Unsicherheiten aber zu empfehlen.

Seite 89

7 ☒ als Nächstes
☒ im Allgemeinen
☒ etwas Ähnliches
☒ nichts Wichtiges
☒ im Übrigen
☒ etwas zu Ende bringen
☒ in Bezug auf
☒ am besten
☒ heute Abend

8

b ein Trickbetrüger, die Jahre, enorme Kosten, zum Verkauf, der Übergabe, des Geldes, den Schwindel, zum Ministerium, keine Anzeige

Seite 90

1 **2** pünktlich da sein
   3 rechtzeitig ankommen
   4 gegen 19.30 Uhr zurück sein
   5 noch etwas hinzufügen
   6 den Urlaub miteinander planen

2 **1** Mein Kollege ist krank und kann nicht arbeiten gehen.
   2 Er muss im Bett liegen bleiben.
   3 Am Nachmittag will ich mit Freunden im Freibad schwimmen gehen.
   4 Du kannst die Wäsche auf der Leine hängen lassen, bis sie trocken ist.
   5 Hast du die Wohnungsschlüssel an der Tür stecken lassen?

Seite 91

3 **1** Sie wird heute nach der Schule mal wieder Rad fahren.
   2 Sie wollte ihr Erfolgsrezept nicht preisgeben.
   3 Ich muss heute noch Koffer packen.
   4 Seine Absage wird ihm sicherlich noch leidtun.
   5 Mina möchte an der Meisterschaft teilnehmen.
   6 Diese wird im Mai stattfinden.

4 **1** Wir lassen uns von der Bank den Betrag ~~gut schreiben~~ / gutschreiben.
   2 Du musst deinen Lebenslauf aber gut schreiben / ~~gutschreiben~~.
   3 Die kleinen Taschen lassen sich leicht nehmen / ~~leichtnehmen~~.
   4 Man sollte die Aufgaben nicht zu ~~leicht nehmen~~ / leichtnehmen.
   5 Bei Glatteis kann man ziemlich schwer fallen / ~~schwerfallen~~.
   6 Die Prüfungsaufgaben werden ihm sicherlich ~~schwer fallen~~ / schwerfallen.
   7 Nomen/Substantive muss man in Deutschland ~~groß schreiben~~ / großschreiben.
   8 Diesen Buchstaben kannst du auf dem Plakat ganz groß schreiben / ~~großschreiben~~.
   9 Du solltest bei deinem Vortrag frei sprechen / ~~freisprechen~~.
   10 Das Gericht wird die Angeklagte ~~frei sprechen~~ / freisprechen.

Seite 92

❶ auto-	dia-	ex-
das Automobil	der Dialog	die Expedition
automatisch	der Dialekt	die Explosion
das Autogramm	der Diamant	exemplarisch
autoritär	diagonal	exzellent

❷ 2 der Dialog
  3 der Dialekt
  4 exzellent
  5 autoritär
  6 diagonal
  7 der Diamant
  8 exemplarisch

Seite 93

❸ -ik	-ität	-iv
die Musik	die Autorität	positiv
die Physik	die Immunität	negativ
die Statik	die Solidarität	impulsiv
die Mathematik	die Universität	aggressiv

❹ 2 der Clown
  3 das Meeting
  4 die Fairness
  5 das Skateboard
  6 die Challenge
  7 das Interview
  8 der Breakdance

Seite 94

❶ 1 Wenn du das / ~~dass~~ tust, dann werde ich nicht mehr schweigen.
  2 Hier kannst du zeigen, ~~das~~ / dass du die Schreibung von **das** und **dass**
    beherrschst.
  3 Das / ~~Dass~~ Mädchen, das / ~~dass~~ gegenüber eingezogen ist, kenne ich.
  4 Ich hoffe sehr, ~~das~~ / dass das / ~~dass~~ Fußballspiel ein Erfolg für uns wird.

2 1 Für die Gesundheit ist es am besten / ~~Besten~~, mit dem ~~rauchen~~ / Rauchen aufzuhören.

2 Aber das ~~aufhören~~ / Aufhören fällt vielen Leuten schwer.

3 Nach dem ~~anstecken~~ / Anstecken einer Zigarette hat das ~~verlangen~~ / Verlangen nur für kurze Zeit ein Ende.

4 Beim ~~abgewöhnen~~ / Abgewöhnen helfen Nikotin-Kaugummis.

3 1 Mina darf jeden Tag Tennis spielen.

2 Ich muss das Gesagte leider richtigstellen.

3 Die Polizei wird den Einbrecher festnehmen.

4 Am Sonnabend wird ein Schulkonzert stattfinden.

5 Es wird aus allen Klassen jemand teilnehmen.

6 Satzanfänge muss man immer großschreiben.

7 Im Winter möchte ich jeden Tag Ski laufen.

8 Adnan geht lieber eislaufen.

Seite 95

1 1 → B, 2 → D, 3 → F, 4 → C, 5 → A, 6 → E

5 1 Die Autorin vertrat konsequent ihre Meinung.

2 Der Athlet erreichte eine hohe Punktzahl.

3 Mit ein bisschen Übung läuft die Bewegung ganz automatisch ab.

4 Für die Radtour sollte deine Kleidung möglichst praktisch sein.

5 Ein Lottogewinn ist statistisch gesehen eher unwahrscheinlich.

6 In seinem Fachgebiet ist er eine Autorität.

6 ☒ die Reparatur

☒ das Stadion

☒ das Management

☒ die Explosion

☒ die Physik

☒ das Meeting

☒ negativ

☒ korrigieren

☒ statistisch

☒ das Highlight

☒ der Background